AF474864

LA MENTE
Su naturaleza y sus funciones

Gueshe Rabten

Traducido del francés por
Isidro Gordi

Ediciones Amara
Apartado 995
07760 Ciutadella
Menorca
www.edicionesamara.com

Publicado por vez primera en inglés en 1978 con el título *Mind and its functions*; versión revisada en francés en 2016 titulada *L'esprit sa nature et fonctions*, por Editions Rabten Choeling

Impreso en España/ Printed in Spain

ISBN de la obra: 978-84-95094-70-4
Depósito Legal: ME 15/2020

Contenido

Prefacio

A quién quiera que se le pregunte cuál es la esencia del budismo convendría responderle que no es Buda, ni el despertar perfecto, ni el nirvana, tampoco una deidad, sea la que sea, sino… los seres vivos[1]. Están en el corazón de todos los discursos del Buda. La enseñanza del Dharma no hace más que explicar la situación en la que se encuentran, las causas que la han producido y la manera de aportar una transformación positiva.

Samsara y nirvana, al igual que el despertar perfecto, se refieren únicamente a las situaciones en las cuales los seres se hallan. Su existencia misma justifica la enseñanza del Dharma y la hace necesaria. Es decir, son los individuos los que, en realidad, dan sentido a todo.

No se puede atribuir valor a un objeto, a una actividad o a una idea sino es con respecto al efecto que producen en los seres vivos. Aparte de esta relación con los seres, no hay ningún medio para discernir lo justo de lo falso, lo útil de lo inútil, lo positivo de lo negativo. Precisamente respecto a los seres vivos se fundamentan todas las teorías, éticas y prácticas. La comida, por ejemplo, se considera extremadamente beneficiosa porque permite que las personas se mantengan vivas, mientras que el veneno se considera negativo, como una sustancia nociva, porque pone su existencia en peligro. Del mismo modo, el criterio que fundamentalmente determina la calidad de un pensamiento o una acción es su efecto en los seres vivos.

Valoramos ciertos objetos tales como las piedras preciosas. Y ese precio simplemente lo atribuyen los seres vivos, particularmente los humanos. Hablando en propiedad, las gemas no tienen valor intrínseco alguno. En cuanto a los métodos y sistemas del campo científico, religioso y filosófico, su valor y su eficacia no se pueden establecer más que en virtud de su repercusión sobre los individuos. Por ejemplo, cuando un acontecimiento natural atenta contra la

1 "Seres vivos" aquí se refiere a seres animados dotados de consciencia. Ciertos traductores emplean la expresión "seres conscientes".

vida de un gran número de seres vivos se convierte en una catástrofe.

Las enseñanzas del Buda, en sus diferentes aspectos y niveles, tratan únicamente de los seres vivos. Es a ellos a quienes les conciernen, es de su interés. Es también a ellos a quienes se dirigen para que las pongan en práctica y obtengan sus logros.

Si los seres vivos juegan un papel tan importante es porque están dotados de características muy particulares. En el mundo de los fenómenos, son los únicos en poseer un *espíritu*, mente, una consciencia[2]. Y lo que confiere a los seres animados una cualidad distintiva extraordinaria es la capacidad de su mente o espíritu, porque es lo que le permite conocer, experimentar *sensaciones*, pensar, recordar, querer y hacer. Esas son, en realidad, las principales características que, entre todos los demás fenómenos *existentes*, diferencian esencialmente a los seres animados; no importa qué aspecto tengan, que sean grandes o pequeños, o incluso minúsculos; que se sostengan en dos piernas, en cuatro, seis o incluso más.

Por ejemplo, por sofisticado que pueda ser el funcionamiento de una máquina, como un ordenador, nunca podrá experimentar la menor sensación de placer o dolor. En consecuencia, sea como sea la manera en que se manipule, aparte del efecto producido por su poseedor, es imposible acumular una acción positiva o negativa (skt: *karma*) como resultado del tratamiento que se le inflija. No importa lo grande que este sea, jamás se podrá matar a un ordenador. Pero se puede fácilmente cometer un grave error matando a una hormiga, un ser sujeto al sufrimiento. Quienquiera que posea consciencia responde a la *definición* de ser vivo, en el sentido de ser animado, consciente, y merece que se le procure un lugar respetable y la más alta atención en el conjunto de los fenómenos existentes.

En el budismo, todos los niveles de la ética tienen por fundamento la noción de *ahimsa,* palabra sánscrita que significa "no perjudicar a los seres vivos, sea el que sea".

En consecuencia, según el budismo, es de importancia capital comprender la naturaleza de la mente, del espíritu o consciencia,

---

2 *Espíritu, consciencia*: Aquí *espíritu* o *mente* y *consciencia* se consideran términos sinónimos.

que es la única característica que confiere a los seres animados una importancia considerable, porque es la mente o el espíritu el responsable de todos los actos y de sus consecuencias tanto a nivel individual como a nivel colectivo. De ahí esta cita del maestro indio Chandrakirti en *Entrar en el camino medio*:

> Es la mente ella misma que ha engendrado
> El mundo del contenido, los seres conscientes,
> Así como el mundo del continente (medio ambiente).
> Se enseña que todos los seres sin excepción
> Han emergido del karma.
> Si la mente deja de existir tampoco habrá karma.

En consecuencia, los mundos en tanto que *continente*, o, en otras palabras, los mundos como entorno, así como los seres animados que los pueblan son, directa o indirectamente, producidos por la mente. La mente sometida a la influencia de la *ignorancia* y los diversos factores mentales perturbadores que mandan en nuestros pensamientos y nuestros actos engendra la existencia cíclica abocada al sufrimiento; mientras que la mente liberada del influjo de los factores mentales perturbadores y de sus impresiones es el lugar donde el potencial positivo se ha desarrollado hasta la perfección, significa ¡el despertar perfecto!

Aunque, en su conjunto, los actos sean físicos, verbales y mentales, son, a fin de cuentas, los actos mentales mismos los que son responsables de todos los otros y de sus consecuencias. El karma solo se acumula por medio de una implicación de la mente, sin la cual ningún acto positivo o negativo se podría llevar a cabo. En consecuencia, Buda ha indicado claramente que las causas principales del sufrimiento y de la felicidad de los seres no están fuera de ellos, sino en su propia mente, en su espíritu.

Al manifestarse a través de nuestros actos, nuestros estados mentales favorables o desfavorables crean todas las *experiencias* resultantes, agradables o desagradables respectivamente. Los objetos y los fenómenos exteriores pueden proporcionar las condiciones, pero es en la mente de los seres donde se sitúa la causa decisiva de todas sus experiencias. Esto es un punto esencial de la filosofía budista.

En otras palabras, a través de los seres animados se establece y confirma la existencia de los *fenómenos*. Cuando aparecen a la mente es cuando esos fenómenos son identificados, conceptualizados, analizados e investigados por ella.

Aunque día y noche experimentemos nuestra mente y la utilicemos sin interrupción identificándonos totalmente con ella, la mayor parte de los seres ordinarios son incapaces de reconocerla, y en consecuencia su naturaleza permanece escondida, como una lámpara que no es iluminada por la luz que ella misma emite.

Puesto que la mente no posee ninguna de las propiedades burdas de la *materia* como la *forma,* el color, la masa, etc., no es ni visible, ni tangible.

Para aquellos cuyo campo de *conocimiento* se reduce al mundo visible, el dominio de la mente puede permanecer como todo un misterio. De hecho, en la realidad, fuera del tiempo, del espacio y la materia, existe una vasta categoría de fenómenos que se sitúan más allá del alcance de nuestras percepciones sensoriales ordinarias.

Según el budismo, los fenómenos se dividen en dos categorías: los *fenómenos compuestos* y los *fenómenos no compuestos*. En la categoría de los fenómenos compuestos se distinguen: los *fenómenos físicos*, las *consciencias* y los *fenómenos compuestos no asociados*[3] –que incluyen fenómenos existentes como el tiempo, la vida, la persona, etc.–. Una de las propiedades comunes a todos los fenómenos existentes compuestos es su carácter transitorio, lo que significa que se transforman a cada instante, sometidos a un proceso continuo de aparición y de extinción sucesiva. Están constituidos por partes de naturaleza sutil, y producidos por causas y condiciones.

La mente constituye pues una de las subdivisiones de los fenómenos compuestos. Su característica distintiva es su calidad de *claridad*, en el sentido de que está desnuda de todo constituyente físico y de que su naturaleza es *conocer*. Tiene un modo de existencia propio que no comparte con ningún otro fenómeno compuesto, como la

---

3 *Fenómenos compuestos no asociados*: se trata de fenómenos compuestos que no son ni físicos ni consciencia.

materia. Por lo tanto, tratar de comprender la mente por medio de las reglas que se aplican a los elementos físicos es tan inapropiado como querer evaluar las características de una tortuga ¡analizando la longitud de sus pelos!

Cada categoría de los fenómenos tiene un modo de existencia, características y funciones propias. Esos diversos tipos de fenómenos existentes tienen numerosos puntos en común, pero también diferencias fundamentales.

En el presente, nuestro cuerpo y mente están unidos gracias a la fuerza de algún karma pasado, lo que constituye nuestra vida presente. Nuestro cuerpo y mente se apoyan mutuamente. El cuerpo no puede funcionar sin la fuerza de la mente, y la mente no se puede mantener ni funcionar sin el apoyo constante del cuerpo. La consciencia, a todos los niveles -desde los más burdos hasta los más sutiles-, tiene necesidad de una base física correspondiente. Esta última se sitúa igualmente en diversos niveles sutiles y aspectos. Las partes del cerebro -que los materialistas a menudo tienden a asumir que es la consciencia misma- no son más que un apoyo, entre muchos otros, sobre los que se sustentan las actividades de la consciencia. Todas nuestras experiencias, al igual que la realización de nuestros objetivos -los que sean-, dependen necesariamente de la relación entre nuestro cuerpo y nuestra mente.

La consciencia no existe ni como un fenómeno físico ni como una simple designación abstracta. Es de constitución compleja, y se puede comprender gracias a diversos modos de clasificación, tales como:

1. División desde el punto de vista de su apoyo funcional en *consciencias sensoriales* y *consciencia mental.*
2. División desde el punto de vista del modo de comprensión en *percepciones no conceptuales* (iniciales y subsiguientes) y *conceptuales,* etc.
3. División desde el punto de vista de su naturaleza, en consciencias positivas, negativas y neutras.
4. División desde el punto de vista de sus niveles: burdo, sutil y muy sutil.

Explicaciones muy claras y precisas relativas a la mente aparecen en los grandes tratados del Abhidharma y en los tantras. Para lograr una comprensión clara y completa, se deberá incluir en su análisis todos los aspectos y elementos encontrados en las fuentes de los sutras y los tantras.

La presente obra describe los fundamentos esenciales de la naturaleza, funciones y clasificaciones de la mente según las explicaciones que figuran en el Abhidharma, presentados y enseñados con una gran claridad y de manera totalmente comprensible por nuestro venerable y precioso maestro, Gueshe Rabten Rimpoché. Sus enseñanzas –caracterizadas por un enunciado simple, preciso y concluyente–, puesto que son el resultado de su total maestría en el Dharma –no solo debida a su comprensión intelectual, sino también al hecho de su completa experiencia de las realizaciones o logros espirituales–, permitirán al lector llegar a una certidumbre desprovista de confusión en lo que se refiere a las nociones complejas y profundas. Estas se exponen de tal manera que toda la temática de la enseñanza no se limita solo a un juego intelectual árido, a un divertimento cerebral consistente en jugar con palabras. Por el contrario, nuestro venerable maestro le da una forma tangible, viva, que se puede relacionar directamente con nuestras propias experiencias, permitiéndonos usarla para la transformación de nuestra mente.

De hecho, las enseñanzas del Buda no son más que métodos para adiestrar la mente, porque la verdadera raíz de todo sufrimiento y la fuente de toda felicidad está en la esfera misma de nuestra consciencia.

Nuestro precioso maestro ha dado innumerables enseñanzas que aportan luz y evolución a múltiples aspectos del Dharma. El valor de esta obra es inestimable, ya que constituye una especie de espejo perfecto que refleja la configuración de nuestra propia mente. Entrando en su contenido podremos identificar sin error nuestros defectos y nuestras eventuales cualidades. Sobre la base de dicha comprensión, tendremos todas las posibilidades de progresar válidamente.

Tengo que dar las gracias, particularmente, a Marie Thérèse Guettab, mi hermana en el Dharma durante numerosos años, estudiante devota de Gueshe Rimpoché, por haber llevado a cabo una traducción admirable y meticulosa de esta enseñanza de nuestro precioso maestro, al igual que ha hecho con varias de sus remarcables obras.

Como siempre, estamos profundamente agradecidos a nuestro venerable maestro por su infinita bondad al hacernos este regalo tan precioso. La presente edición francesa, sin duda alguna, contribuirá perennemente al desarrollo del océano de la sabiduría.

Gonsar Tulku
Le Mont-Pelerin, diciembre de 2016

Prefacio del autor

Homenaje al Glorioso Conquistador Sakyamuni,
El incomparable maestro, un buda completo y perfecto.
Movido por tu gran compasión, cuida por favor de mí
Y de todos los seres conscientes.

Tras un profundo análisis nos daremos cuenta de que, por muchas razones lógicas, la raíz de todo placer y dolor, tanto en samsara como en nirvana, está en la mente. La mente tiene muchos aspectos positivos y negativos. En dependencia de su movimiento y cambios, se producen oleadas de placer y dolor, a veces superficiales y a veces duraderos, como olas en el mar.

Es preciso comprender primero qué tipo de naturaleza tiene la mente. Seguidamente, deberíamos aprender cómo de ella surgen elementos mentales, tanto positivos como negativos, y cómo éstos, a su vez, condicionan la calidad de nuestros actos mentales, verbales y físicos.

Si emprendemos dicho estudio, con toda seguridad obtendremos una capacidad inigualable para establecer la felicidad y eliminar el sufrimiento. Por tanto, estas son buenas razones para leer este libro, que intenta hacer una presentación precisa de la mente.

Gueshe Rabten
Tharpa Choeling 1978

Prefacio de la traductora al francés

La versión original de esta obra se publicó por vez primera en inglés en 1992 bajo el título *The Mind and its functions,* basándose en enseñanzas orales impartidas en Suiza por el Venerable Gueshe Rabten. La traducción, a partir del tibetano, había sido llevada a cabo a finales de la década de los setenta del siglo pasado por Stephen Batchelor. Una segunda edición, revisada, vio la luz en 2005, y luego una tercera en 2008.

La vastedad y precisión de las enseñanzas budistas relativas a la mente son presentadas con una gran claridad en sus trazos esenciales por el venerable Gueshe Rabten, debido a la luz de su inmensa erudición y de su profunda experiencia. Esto ha conferido a este texto un estatus de obra de referencia -según la perspectiva budista- para quienquiera que desee comprender los diversos tipos de *percepción* y los múltiples componentes de la mente que condicionan nuestro comportamiento.

El venerable Gonsar Rimpoché me pidió trabajar en la traducción francesa de este libro. Un cierto número de añadidos y de precisiones nos parecieron necesarios con el fin de dejar este conocimiento fácilmente accesible. Para ello, han sido incorporadas en el conjunto de la obra numerosas clarificaciones hechas por el venerable Gonsar Rimpoché.

En cuanto a la terminología usada, en principio nos hemos basado en los términos tibetanos más que en su traducción inglesa. Probablemente el lector notará que la elección de las palabras varía de un traductor al otro. Esto es debido al hecho de que los términos tibetanos se definen de manera rigurosa, excluyendo del campo de su definición cualquier otro término que no sea estrictamente equivalente. No ocurre lo mismo con los términos empleados en francés, que -la mayoría de las veces- no se corresponden con exactitud con la definición del tibetano, de ahí la diversidad de opciones de los traductores en su tentativa de acercarse lo más posible al sentido deseado.

Para minimizar los riesgos eventuales de confusión, nos hemos esforzado en indicar, en notas a pie de página, las otras terminologías empleadas por otros traductores cuando éstas no son conocidas.

Quiero dar las gracias a mis amigas Hélène Bouchaux, por releer el texto y por sus constructivas consideraciones, y Suzanne Cornillac, siempre dispuesta a ayudarme con su competencia en aportar a mis trabajos las correcciones necesarias.

Deseo expresar mi continua gratitud hacia el venerable Gonsar Rimpoché. Sin su apoyo, sus consejos y sus pacientes clarificaciones, mis competencias habrían sido insuficientes para completar bien este trabajo. Espero no haber cometido errores.

Mis esfuerzos en llevar a cabo una obra de esta envergadura no son más que una ínfima manifestación de mi inmenso reconocimiento hacia el venerable Gueshe Rabten.

Marie Thérèse Guettab
Paris, diciembre de 2016

Prefacio del traductor de la versión española

A principios de los años noventa del siglo pasado cayó en mis manos un texto compuesto por el venerado lama, Gueshe Rabten. Por aquella época conocí a su discípulo principal, el venerable Gonsar Rimpoché, a quién le pedí el permiso para publicarlo. Se llamaba *La mente y sus funciones* (tib: *lo rig*) y había sido traducido por Stephen Batchelor. Durante varios años lo estuve leyendo y releyendo a la vez que lo traducía. Años después, Gonsar Rimpoché me aconsejó retraducirlo al castellano usando una versión actualizada y excelente traducida al francés por su discípula, Marie-Thérèse Guettab.

Finalmente, aquel trabajó que inicié en los ochenta verá la luz, casi cuarenta años después, para ayudar a los estudiantes de Dharma de habla hispana a comprender este profundo tema.

Todo el material que se encuentra en el libro está basado en textos clásicos que provienen de las palabras originales de Sakyamuni Buda; han sido comentados y desarrollados por uno de los últimos grandes lamas educados en el Tíbet, el incomparable Gueshe Rabten, que fundó en Suiza el primer monasterio budista tibetano en Europa.

Ojalá la lectura de este libro nos ayude a iluminar las zonas oscuras de nuestra mente y a desarrollarla hasta llevarla a la Iluminación.

Por último, he de agradecer a Fernando y Celia, de Teruel, por su encomiable labor de revisión y corrección final del libro.

Isidro Gordi
Son Gall. Ciutadella de Menorca
Enero, 2020

Gueshe Rabten

Introducción

EL PAPEL CLAVE DE LA MENTE EN EL BUDISMO

Para ilustrar la importancia crucial de la mente en el budismo, una de las escrituras budistas más célebres, el *Dhammapada*, empieza con estos versos[4]:

> La mente es la precursora de todas las condiciones
> malignas. La mente manda; ellas son creadas por la mente.
> Si con una mente impura se habla o actúa,
> Después el dolor le sigue a uno como la rueda a la pezuña
> del buey.
>
> La mente es la precursora de todas las condiciones favorables.
> La mente manda; ellas son creadas por la mente.
> Si con una mente pura, se habla o actúa,
> Después la felicidad le sigue a uno como la sombra que
> nunca te abandona.

Estas líneas dejan claro que, según el budismo, la existencia y la experiencia no son ni sucesos creados intencionadamente por Dios, ni sucesos casuales en un universo caótico, sino el resultado de acciones físicas, verbales y mentales de cada ser.

La mente no es un fenómeno estático, sino un continuo dinámico en cada individuo que forma la actividad en su interior e inicia actividades adicionales mediante la palabra y el cuerpo. Cuando la mente está influenciada por factores mentales negativos, actúa de un modo que deja tendencias e impresiones dañinas en su continuo que, posteriormente y de modo inevitable, madurarán en forma de sufrimiento e infelicidad. Si actúa de modo positivo, virtuoso, luego las tendencias que deja son positivas y, subsiguientemente, darán lugar a formas de existencia agradables. Además de crear las experiencias particulares en cada vida, la mente también es responsable

4 Dhammapada, capítulo 1, 1-2

en determinar el tipo de existencia mismo. Cada tipo de nacimiento -humano, animal, divino... el que sea- es producido por las tendencias e impresiones predominantes que se manifiestan en el momento de la muerte en la existencia previa. En consecuencia, no existe ninguna experiencia que, a nivel último, no tenga su raíz en la mente y en sus actividades.

La mente no tiene principio ni fin en cuanto a su continuidad. La corriente de la consciencia que se manifiesta en nosotros ahora tiene una historia que se origina en el pasado, y carece de un punto particular que puedas identificar como su primer momento. Asimismo, continuará indefinidamente hacia el futuro, aunque gracias a la práctica y el esfuerzo se haya transformado en la mente de un buda.

Desde tiempo sin principio hasta el presente, nuestra mente y sus actividades han producido estados infelices de existencia, manteniéndonos atados al ciclo de nacimiento y muerte. Pero ahora que hemos encontrado un nacimiento plenamente dotado, tenemos la posibilidad de cambiar la dirección de nuestra existencia desde el sufrimiento y esclavitud a la felicidad y liberación. Esta metamorfosis es, fundamentalmente, una transformación de la consciencia que implica la eliminación de las cualidades mentales negativas y el cultivo de las positivas y virtuosas. Este proceso mismo por el que la mente desarrolla cualidades de validez cognitiva, así como de virtud moral, constituye el sendero gracias al cual se alcanzan todos los objetivos espirituales. Dichos objetivos son: los estados de existencia más elevados en samsara, la liberación completa del samsara -es decir, el Nirvana- y, por último, la Budeidad, estado en el que se alcanza el beneficio supremo, tanto para uno mismo como para los demás.

EL CONTEXTO FILOSÓFICO

En el budismo hay cuatro sistemas principales de pensamiento filosófico representados por las dos escuelas hinayana -vaibhashika y sautrantika- y por las dos escuelas mahayana -chitamatra y madhyamika-. Este trabajo -en particular el contenido de los cinco primeros capítulos- se basa, principalmente, en la filosofía sautrantika.

Aunque en la práctica las tradiciones budistas tibetanas son consideradas mahayana, la filosofía relativamente simple y clara de los sautrantikas hinayana se usa como contexto en el que, al principio, se formula la estructura fundamental de la lógica y la epistemología. Se dice que las cuatro escuelas filosóficas budistas no son sistemas independientes, sin ninguna relación entre sí, sino que han de entenderse como procesos progresivos de conocimiento, como los peldaños de una escalera que te llevan a la cima del pensamiento budista, la visión prasangika madhyamika. Tener una comprensión clara de la posición sautrantika actúa, pues, como fundamento sobre el que abordar los principios más complejos e intrincados de las escuelas mahayana. En particular, la tradición sautrantika que se sigue aquí es la que elucidó Dharmakirti en sus *Siete tratados sobre la mente válida,* y más específicamente en su *Comentario a la mente válida* (*Pramanavatika*).

La definición de un filósofo sautrantika es: "Un proponente de principios filosóficos hinayana que afirma la existencia verdadera, tanto de los objetos externos como de la consciencia o percepción autoconsciente, o autoconocedora". Comparado con los chitamatras, que afirman que la mente y sus objetos tienen la misma *sustancia*, los sautrantikas son *realistas,* ya que postulan que los fenómenos externos existen verdaderamente, de modo esencial o intrínseco, y actúan como causas en dependencia de las que se produce la consciencia. Pero, a diferencia de los vaibhashikas, que postulan una realidad sustancial en todos los fenómenos, su realismo es matizado al dividir los fenómenos en *existentes con características propias* y *existentes con características generales.*

Los fenómenos existentes con características propias o fenómenos concretos son aquellos que, en virtud de sus propias características, existen independientemente de cualquier imputación por medio de palabras o concepciones. Son fenómenos transitorios, impermanentes, que aparecen a partir de causas y condiciones y que producen sus propios resultados, los que, a su vez, producen sus propios efectos, los cuales producen sus propios efectos subsiguientes. Estos fenómenos producen sus propios efectos continuadamente, manteniendo así su continuidad causal propia. Todo lo que existe en el plano físico y mental es considerado como un fenómeno existente con características propias, así como ciertos fenómenos compuestos denominados "fenómenos compuestos no asociados" (como la persona, el tiempo, la vida, etc.,) que no caen en ninguna de estas categorías.

"Los fenómenos existentes por medio de características generales" son fenómenos permanentes y no transitorios[5], imputados por medio de palabras y conceptos. Son elementos desnudos de características propias que no responden a la definición que se aplica los fenómenos que existen por sus propias características. Un ejemplo sería el espacio no condicionado –es decir, la mera ausencia de contacto obstructor–. Este existe, ya que es lo que permite el desplazamiento y movimiento de las formas materiales, pero no existe solo en virtud del poder de sus propias características. Se puede establecer su existencia gracias a los conceptos, por juicios subjetivos relativos al mundo, y no por el hecho de que se presente a la cognición inmediata de la percepción.

Basándose en esta distinción es cómo los sautrantikas establecen su posición relativa a la verdad convencional y última. Consideran que los fenómenos que existen por sus propias características son verdades últimas, mientras que los fenómenos que existen por sus características generales son verdades convencionales. Según ellos, un fenómeno que existe por sus características propias es una *verdad última* porque es cierta para una percepción última[6]. Un "fenómeno que existe por características generales", o *abstracto*, es una *verdad convencional* porque es verdadero para una percepción conceptual[7].

5 Los fenómenos permanentes, no transitorios: Conviene precisar que, según la filosofía budista, el hecho de que un existente sea permanente, no transitorio, no quiere decir que dure eternamente. El espacio en una habitación vacía es un fenómeno existente no transitorio, permanente, que no se transforma instante a instante. De todos modos, cuando se llena la habitación el espacio vacío ya no está.

6 Percepción última. Para los filósofos sautrantikas una percepción última es una *percepción directa*. Un "fenómeno existente por características propias" es el objeto de una percepción directa.

7 Percepción convencional. Para los filósofos sautrantrika, una percepción convencional es una percepción conceptual (representativa). Un "existente por características generales" es el objeto de una percepción conceptual.

De este modo, el papel de la cognición para definir las categorías de la existencia, así como la existencia en sí, es de una importancia primordial en el sistema sautrantrika.

Esta escuela afirma que un *objeto* existe si es certificado por una *percepción válida*; es un fenómeno existente por características propias y es una verdad última si aparece a una percepción directa (no conceptual); y se considera un fenómeno existente gracias a características generales, y verdad convencional si es establecido por la concepción.

Para entender esta visión filosófica es esencial desarrollar una clara comprensión de sus postulados con respecto a la mente. Por lo tanto, en este trabajo se explicará la naturaleza de la mente, sus categorías y funciones, con el propósito de proporcionar la base necesaria para cualquier estudio adicional relativo a su desarrollo y transformación mediante la práctica del Dharma.

Puesto que la mente es el fenómeno del que, primordialmente, nos ocupamos en la práctica del budismo, es importante tener una comprensión clara de su estructura y características. Ojalá este trabajo nos ayude a adquirir ese conocimiento.

Primera Parte:
Un modelo epistemológico de la mente

1 Los sujetos

1 Los sujetos

Sujeto y objeto son fenómenos existentes mutuamente dependientes; no se puede hablar de uno sin referirnos al otro. Debido a esta naturaleza dependiente, un *sujeto* (literalmente: un poseedor de objetos) se define como "un fenómeno *existente efectivo* dotado de su propio objeto particular". Aunque el sujeto y el objeto sean mutuamente dependientes, esto no significa que sean entidades mutuamente excluyentes[8]. Todos los sujetos, al ser fenómenos existentes, son necesariamente los objetos de otro sujeto.

El budismo, además, postula características subjetivas tanto a los fenómenos existentes físicos o materiales como a los no físicos. Un sujeto físico es un *sonido articulado* o con significado. Dicho sonido, sea un término o una frase, es subjetivo en el sentido de que *denota* a un objeto particular, mientras que los sujetos no físicos o materiales, como las percepciones y las personas, son subjetivos porque aprehenden un objeto mediante las facultades mentales.

Procederemos seguidamente a explicar con más detalle lo que se da a entender por mente, persona y sonido articulado. En este capítulo consideraremos las características generales de estos tres fenómenos, y en el resto de la obra prestaremos atención especial al fenómeno de la mente.

LA MENTE, LA CONSCIENCIA

Todos los estados mentales, sean intelectuales –como el discernimiento y la atención o memoria– o emocionales –como el apego y el odio– son, necesariamente, sujetos: no pueden existir sin aprehender un objeto particular. Las características definitorias de la *mente* son la claridad y la percepción[9]. Claridad aquí se refiere a la naturaleza

8 Fenómenos que se excluyen mutuamente son fenómenos particulares que no pueden existir sobre una base común, en el sentido de que no existe ningún fenómeno que pueda ser, a la vez, uno y el otro.

9 Cognición. A falta de un término más apropiado empleamos la palabra "cognición" o "percepción" para designar, de hecho, a la consciencia ("sujeto, actor de la percepción"). En inglés: conocedor, percibidor.

no física de la mente, parecida en eso al espacio, es decir, carente de color, aspecto, forma o dimensión material alguna. Pero, aunque carece de estas propiedades físicas, no es solo una entidad abstracta, como el espacio, por ejemplo, porque, a diferencia del espacio, tiene la característica definitoria de la percepción. La percepción es la facultad consciente de aprehender activamente al ver formas y escuchar sonidos, así como en todo tipo de reflexiones, inferencias y comprensiones. Aunque sea de una naturaleza sutil, la cognición es un fenómeno momentáneo y eficiente que mantiene su propio continuo causal (en el sentido de que ella produce sus propios resultados, los cuales constituyen, a su vez, la causa de efectos subsiguientes).

Puesto que es muy difícil reconocer esta naturaleza de la mente, han surgido muchas teorías conflictivas sobre qué es la mente. Es muy común, hoy en día, afirmar que el cerebro es la mente. Dicha afirmación nos parece natural, ya que siempre que estamos absortos en el pensamiento y la reflexión sentimos de inmediato actividad en la zona del cerebro. De igual modo, los poderes sensoriales de la vista, el oído, el olor y el sabor se localizan en la cabeza, y parecen estar estrechamente vinculados con el cerebro al transmitirle de inmediato las correspondientes impresiones sensoriales.

Además, en la actualidad se están haciendo investigaciones correlacionando los estados de consciencia y las diversas funciones neurológicas. Es cierto que en el cerebro tiene lugar una gran cantidad de actividad relacionada con la consciencia, pero esto no demuestra que el cerebro sea la mente, la consciencia.

En el cuerpo existe una vasta red de canales de energía que convergen en ciertos puntos y una de las convergencias más importantes está situada en el cerebro. Por estos canales fluyen muchas energías veloces y sutiles sobre las que cabalga y se apoya la mente, que "monta sobre ellas". Puesto que la mente tiene una estrecha dependencia de estas energías, siempre que ocurre cualquier actividad mental hay un correspondiente movimiento fisiológico en dichos canales de energía y en sus puntos de convergencia. Es por esta razón, pues, que se detectan reacciones en el cerebro relacionadas con la actividad mental. Por lo tanto, aunque esto indica que la mente puede provocar un movimiento de energía que, frecuentemente, tiene lugar en el cerebro, no es un indicio real de que el cerebro *sea* la mente.

Podemos considerar también que las fuerzas vitales contenidas en los elementos del cuerpo son la mente. Aunque estas fuerzas son la base del funcionamiento interno del organismo físico y son capaces de causarnos placer y dolor, no son la mente. Su movimiento e interacción producen diversas sensaciones en el cuerpo que promueven actividad mental, pero no deberían ser confundidos con la actividad mental misma.

De manera similar, hay gente que cree que los poderes u órganos sensoriales son la mente. Esta concepción surge al asumir que los ojos ven formas, las orejas oyen sonidos, etc., pero, de hecho, esos poderes sensoriales son sólo la base de la que depende la mente para percibir objetos externos.

Es necesario, pues, hacer una distinción cuidadosa entre aquello de lo que se sirve la mente para su actividad –el cerebro, las energías y los poderes sensoriales– y el estado no material, lúcido, de la cognición.

Mucha gente en la actualidad identifica la mente con algo físico en el cuerpo y, en consecuencia, considera que su espacio de vida es idéntico al de su cuerpo. Aunque estas asunciones no tienen como base ningún razonamiento sólido, se esparcen fácilmente, y así se descarta la creencia en una vida pasada y futura. Esta es la más desafortunada de las concepciones erróneas ya que, por su causa, se adoptan actitudes hedonistas y materialistas, limitando el área de interés de uno a la breve duración de esta vida. No se hacen preparativos para asegurar la felicidad en la existencia futura y, en consecuencia, por culpa de estas actitudes equivocadas ante la vida, se experimentará dificultad y dolor tanto en la muerte como en las vidas futuras. La raíz de estas concepciones erróneas y problemas es la falsa asunción de la naturaleza de la mente.

Si, por el contrario, identificamos correctamente dicha naturaleza, nos resultará de beneficio en el presente y en el futuro, ya que depende de un reconocimiento preciso de dicha naturaleza la posibilidad de establecer el razonamiento que demuestra la existencia de las vidas pasadas y futuras. A partir de aquí, análisis lógicos adicionales probarán que ha habido una sucesión sin principio de nacimientos previos, y que este proceso continuará sin impedimento a menos que se haga un esfuerzo para afectar su curso. Por tanto, con esta comprensión, el modo en que nos concebimos a nosotros y nuestra existencia en el presente se verá alterado drásticamente, y se desplegará ante nosotros un horizonte más abierto y vasto de la vida.

Además de ser un estado de claridad y cognición, el continuo mental oscila constantemente entre estados de placer, dolor y de *sensaciones neutras*. Nuestra propia experiencia lo demuestra, puesto que pasamos la vida tratando de mantener sensaciones agradables y eliminando las desagradables. En ocasiones, cuando nos sentimos felices unas palabras hacen que dicho estado se transforme en malestar, y, del mismo modo, las sensaciones dolorosas se pueden aliviar al encontrar a un amigo o recordar un suceso agradable del pasado.

Mientras sigamos acumulando tendencias insanas en la mente por medio de pensar y actuar de un modo autodestructivo, y perjudicial para los demás, en esta vida y en las futuras la mente seguirá en una condición predominantemente penosa. Por el contrario, si la mente se familiariza bien con el Dharma y seguimos una forma de vida sana, predominarán las sensaciones de dicha y bienestar, y a nivel último nos veremos dirigidos hacia un estado de mayor desarrollo espiritual.

La mente tiene, pues, un potencial tremendo, ya que, en dependencia de cómo la desarrollamos y condicionamos, determinará nuestro estado de ser.

LA PERSONA

Aquí el término *persona* no se refiere únicamente a seres humanos, sino a cualquier forma de existencia: humana, animal, divina, o cualquier otra. En general reconocemos lo que es una persona o un individuo porque, a lo largo de nuestra vida, nos referimos a nosotros mismos y a las demás formas de vida animada en tanto que poseedores de cierta identidad personal. Especialmente con respecto a uno mismo, siempre somos conscientes de un intenso sentido del "yo" y de "lo mío". Y no se requiere ningún conocimiento especial para poder discernir su existencia. Pero, si consideramos seriamente el asunto y analizamos la *naturaleza* de este fenómeno, encontramos particularmente difícil definir exactamente lo que queremos dar a entender por "yo", "persona", "individuo".

Por ejemplo, si de un grupo formado por una vaca, un caballo y un hombre ponemos en un lugar aparte a la vaca y al caballo, el hombre es claramente el objeto que queda. A diferencia de este ejemplo, si del grupo formado por el cuerpo, la mente y la persona sacamos el cuerpo y la mente, no quedará un superviviente como en la analogía anterior. Una reacción posible a este proceso de eliminación podría ser concluir que la persona no existe en absoluto, cosa, obviamente, insostenible. Aunque la persona no sea una entidad aislada, existe: en caso contrario no habría nadie ahora leyendo estas palabras; nadie que hablase, trabajase, sintiese o viviese. Nos podemos preguntar: "¿Cómo existe la persona?". La persona, el individuo, es simplemente "el yo que se imputa sobre cualquiera de los cinco agregados psicofísicos"[10]. Es un fenómeno transitorio que no pertenece a la categoría de "mente" ni a la de "materia". Su existencia, por tanto, es posible gracias a la relación interdependiente entre la mente que imputa o designa y los agregados psicofísicos sobre los que se efectúa dicha imputación. Si pensamos en esta definición podremos vislumbrar el modo en que existe la persona.

Sin embargo, para discernir e identificar su *naturaleza última*, es preciso recurrir a las enseñanzas sobre la ausencia de existencia esencial o intrínseca de la persona, tal y como lo presenta la filosofía madhyamika de la vacuidad. Según este sistema de pensamiento, los puntos de vista que identifican a la persona como una entidad independiente, permanente, separada del cuerpo y la mente, así como aquellos que la consideran el cuerpo, la mente o un conjunto de los

10 Los cinco agregados psicofísicos son: el agregado físico, el agregado de las sensaciones, el agregado del discernimiento, el agregado de los factores composicionales y el agregado de las consciencias principales (el agregado de los factores composicionales comprende, entre otros, los diversos factores mentales -a excepción de las sensaciones y el discernimiento- destacando el factor mental de la intención, así como los factores compuestos no asociados).

dos, se refutan mediante el análisis lógico. Pero el estudio de este tema, además de requerir mucha explicación e investigación, está más allá del propósito de este trabajo.

Puesto que vivimos en un mundo habitado por criaturas de carne y hueso, tenemos una fuerte tendencia de identificar a la persona con el cuerpo; sin embargo, existen individuos que carecen de forma física.

El budismo clasifica la existencia consciente en tres reinos: el reino del deseo, el reino de la forma y el reino sin forma. El reino del deseo es aquel que habitan los hombres, los animales, los espíritus hambrientos (skt: *pretas*), los seres del infierno y ciertos seres divinos (skt: *devas*). El reino de la forma es la morada de los seres divinos absortos en los primeros cuatro niveles de concentración meditativa. El reino sin forma es donde otros seres divinos moran en un estado de absorción incluso más sutil que el anterior. Los seres que habitan los dos primeros reinos –el del deseo y el de la forma– están dotados de cuerpos físicos, pero los seres del reino sin forma carecen de forma corporal. Su existencia como persona, por lo tanto, es posible en dependencia de sus agregados mentales: sensación, discernimiento, factores composicionales y consciencias principales. Es por esta razón por la que definimos a la persona como "el "yo" imputado en base a *cualquiera* de los agregados psicofísicos".

La persona es un sujeto porque todos los seres, sin excepción, en todo momento han de aprehender un objeto. Incluso el insecto más diminuto es consciente de algo: aprehende la comida que come, y cuando se encuentra con un problema lo quiere evitar. Incluso alguien en profundo estado de meditación siempre tiene un objeto como referencia, por sutil que sea.

SONIDOS EXPRESIVOS O ARTICULADOS

De los diversos sonidos y ruidos que oímos, algunos, como las afirmaciones coherentes, son *significativos* o *articulados*, mientras que otros, como el sonido de la lluvia y parecidos, son *inarticulados* o *no significativos*. Los primeros, además de ser un sonido, tienen la función de indicar objetos particulares que tienen una naturaleza distinta del sonido mismo. Por esta razón son *sujetos*.

La definición del sonido significativo o articulado es: "Un sonido audible que denota lo que articula por medio de signos". Por ejemplo, cuando articulamos el sonido *jarrón*, al haber acordado que dicho sonido se refiere a un objeto con una base plana, un estómago redondo y la capacidad de mantener agua, dicho sonido denota ese objeto particular. Pero, aunque clasificamos los sonidos articulados como *sujetos*, no significa que tengan la misma relación con su objeto que la que tienen la persona y la mente respecto al suyo. Son sujetos únicamente en el sentido de que *denotan* un objeto, mientras que las mentes son sujetos porque *aprehenden* un objeto por medio de sus facultades sensoriales y mentales.

Existen tres tipos de sonidos articulados: términos, frases –o grupos de palabras– y letras.

Términos

Los términos son las unidades simples del lenguaje que usamos para indicar los objetos sobre los que pensamos y hablamos. Un término se define como "un fenómeno existente audible que revela la mera existencia de un objeto". Los términos son como bloques constructores del lenguaje, que después transformamos en frases y expresiones para describirnos a nosotros y el mundo que experimentamos. Por ejemplo, el término *casa* revela la mera existencia de una casa sin cualificarla o ubicarla con respecto a nada más. Asimismo, el nombre *Juan* solo denota la presencia de una persona particular, Juan, y nada más.

Hay dos tipos de términos: los términos reales y los términos convenidos. Un *término real* es el término principal gracias al que se comprende un objeto o suceso particular. Se define como "un término que es tanto el término principal del objeto como una designación convencional que, en un principio, se le da por voluntad propia". El término principal de un objeto es aquel gracias al que se denota aquel objeto y excluye a cualquier otro. Por ejemplo, el término *jarrón* se refiere a algo con una base plana, un estómago redondo y la capacidad de conservar agua y es el término principal y exclusivo para ese objeto. La expresión "se le da por voluntad propia" indica que los términos se aplican a los objetos gracias al deseo que alguien tuvo en algún momento y no por alguna profunda o misteriosa razón. "En un principio, se le da" significa que un término real para algo es el que, inicialmente, se acuñó y aceptó en un idioma particular.

El *término convenido* para un objeto se define como "una designación convencional aplicada subsiguientemente al objeto, así como un término ordinario, secundario, para el objeto". Se dice que es un *término secundario* porque no indica ni exclusiva ni precisamente el objeto al que se refiere. Se aplica *posteriormente* puesto que esta acuñado en una fecha subsiguiente a la aceptación del término estándar. Dichos términos se aplican por razones de parecido o de relación con otro objeto.

Un término convenido por analogía[11] sería, por ejemplo, los apodos que se dan a la gente o a los animales debido a ciertas características que poseen y que nos recuerdan otra cosa. Por ejemplo, a algunos gatos se les llama *tigres* por su color, y a menudo nos referimos al león como el "rey de los animales" por su porte majestuoso y noble.

Para entender un término convenido que se da debido a una relación, es preciso describir lo que damos a entender con el término *relación*. En el texto llamado *Temas reunidos* se afirma que A tiene una relación con B si por la eliminación de B, A necesariamente deja de existir. En la medida en que todas las formas de dicha relación sean naturales –cuando A es de la misma naturaleza que B– o sean causales –cuando A es causado por B– se habla de dos tipos de relación entre objetos, denominados respectivamente *relación natural* y *relación causal*.

Cuando un término se aplica a un objeto porque este mantiene cualquiera de estas dos relaciones con otro, se denomina "término convenido o común imputado gracias a una relación"[12], como, por ejemplo, cuando decimos "El rollo de tela se quema" cuando la rea-

---

11 El término convenido por analogía o semejanza: lo que denominamos en castellano *metáfora*.

12 Término convenido en virtud de una relación: lo que llamamos en español *metonimia*.

lidad es que sólo se está quemando una parte pequeña. En este ejemplo estamos aplicando el término "rollo de tela" a una pequeña parte del rollo, debido a la relación natural que existe entre ese trozo y el rollo entero[13].

Los términos convenidos debido a una relación causal se imputan de dos maneras: atribuyendo el término de la causa a su resultado, y atribuyendo el término del resultado a su causa. Un ejemplo del primero ocurre cuando entra la luz del sol, que brilla en el suelo, y decimos: "Ah mira, el sol". Si de repente vemos un lugar iluminado por la luz del sol exclamamos: "¡Mira, el sol está allí!", cuando de hecho es la luz del sol. Es solo un resultado del sol.

Como ejemplo de imputar el término del resultado a su causa, se podría citar el caso de una *inferencia para los demás*[14]–que aquí es la causa– a la cual se le da el nombre de *inferencia*–que aquí es el resultado–. En realidad, una inferencia para los demás es una prueba verbal que, una vez afirmada, provoca una inferencia en la mente de otra persona. Puesto que esta inferencia para los demás pertenece al dominio de la palabra y no es una cognición, no puede tratarse de una inferencia real, se denomina así tan solo a causa de su resultado. Un ejemplo sencillo sería llamar a una lámpara eléctrica *luz* incluso cuando está apagada. La lámpara solo se denomina *la luz* porque es esencial para causar el efecto de la luz.

Grupo de palabras

La definición de grupo de palabras es: "Un fenómeno existente audible, explicativo del hecho de la relación entre la base y las características que se le aplican". Las frases o grupos de palabras están compuestas de palabras que dan información adicional sobre un objeto particular. Un término denota la mera naturaleza del objeto,

---

13 Término convenido que atribuye a la parte el nombre del todo: lo que denominamos en castellano *sinécdoque*, caso particular de metonimia.

14 Inferencia para los demás. Desde el punto de vista etimológico, se distinguen dos tipos de inferencia: inferencia para uno mismo e inferencia para los demás. La primera es una *percepción inferencial* que aparece en base a una razón del todo correcta, mientras que la segunda es una prueba verbal que, cuando es enunciada oralmente, provoca que, en la mente de otro, aparezca una inferencia para él mismo.

mientras que una frase detalla las cualidades y atributos con los que está dotado. Por ejemplo, cuando decimos "El jarrón es rojo" o "El sonido es transitorio" estamos usando grupos de palabras o *frases*, ya que estas afirmaciones conectan las cualidades (rojo y transitoriedad) a sus bases respectivas (el jarrón y el sonido).

Letras

La definición *de letra* es: "Un sonido del lenguaje que actúa como base para la composición de términos y grupos de palabras". Todas las consonantes y vocales son letras, y dependiendo de estos sonidos se forman los términos y frases que constituyen la palabra articulada. Todos los sonidos básicos expresados en los diversos alfabetos del mundo son ejemplos de letras.

El término en sánscrito para *letra* es *aksara* que, literalmente, significa "Una cosa que es inmutable". Originalmente, este término fue acuñado por los seguidores de las antiguas tradiciones védicas que mantenían que, puesto que los sonidos de los himnos védicos eran eternos e inmutables, las letras que los formaban debían también tener dicha naturaleza. Según el budismo, puesto que todos los sonidos son fenómenos físicos creados se consideran cambiantes y transitorios. Los budistas interpretan de modo diferente el sentido literal de *aksara*. Las letras son estáticas en el sentido de que serán escuchadas del mismo modo por quienquiera que las pronuncie. Por lo tanto, es el modo en que son oídas, y no las letras en sí, lo que se considera estático.

Los términos, frases y letras son sonidos articulados y, por ello, sujetos. Su carácter subjetivo es debido a que denotan algo. Por tanto, todo lo que se denota o expresa por medio de cualquiera de estos sonidos articulados se considera el objeto de dicho sonido. Puesto que los términos y frases, además de expresar algo explícitamente, también pueden sugerir implícitamente algo más, según las disposiciones individuales y perspectivas de diferentes oyentes, se dice que tienen, a la vez, *objetos directos o inmediatos* e *indirectos o implícitos*[15].

15 Capítulo 5 para explicaciones detalladas acerca de los objetos inmediatos e implícitos

Debería quedar claro el motivo por el que las palabras y las frases son consideradas sujetos. Pero nos podemos preguntar por qué las letras caen también en esta categoría. Aunque no denotan cosas, como las palabras y las frases, al ser elementos que hacen posible la formación de palabras se dice que comparten su naturaleza subjetiva.

2 Las percepciones no conceptuales y las percepciones conceptuales

2 Las percepciones no conceptuales y las percepciones conceptuales

Ahora que hemos expuesto las características fundamentales de todos los estados mentales, es decir, *la claridad y la cognición*, procederemos a clasificar dichos estados en tipos diferentes. La primera distinción es la básica entre percepción no conceptual[16] y percepción conceptual[17]. A continuación, en el tercer y cuarto capítulos, explicaremos qué percepciones y concepciones son válidas y cuáles no lo son.

Aquí *percepción no conceptual* es una percepción no representativa, es decir, una *percepción sensorial visual, auditiva, olfativa, gustativa o del tacto*, así como ciertas *percepciones mentales directas.* Una *percepción conceptual*, por otro lado, es cualquier percepción representativa, es decir, una percepción mental que no percibe sus objetos de modo directo, como en el caso de la percepción no representativa, sino por medio de una *imagen mental.*

LAS PERCEPCIONES NO CONCEPTUALES

Percepciones sensoriales y percepciones mentales

Al clasificar las diferentes percepciones se debe hacer una primera distinción entre percepciones no conceptuales sensoriales y percepciones no conceptuales mentales. *La percepción no conceptual sensorial* es una percepción no representativa cuya aparición depende de 1) un poder u órgano sensorial físico, 2) una forma externa y 3) un estado previo de cognición. Una percepción no conceptual visual, por ejemplo, surge en dependencia del poder sensorial del ojo, una forma visual y de cualquier estado de cognición que haya ocurrido en el instante inmediatamente anterior. Estas tres condiciones de la percepción visual sensorial se denominan respectivamente *la*

16 La *percepción no conceptual*, igualmente denominada *percepción no representativa.*
17 La *percepción conceptual*, igualmente denominada *percepción representativa.*

condición dominante o soberana,[18] la *condición del objeto* y la *condición inmediata*. El poder u órgano sensorial visual -o del ojo- es la *condición soberana* de una percepción no conceptual visual porque, además de ser su causa directa principal, también es la condición soberana responsable de ella. Es así porque el poder sensorial visual es la base única y exclusiva en dependencia de la que ocurre la percepción visual, y gracias a esta base identificamos la percepción visual como diferente, por ejemplo, de una percepción auditiva.

El color es un ejemplo de la *condición del objeto* de una percepción visual porque es causa directa principal para que esta adopte el aspecto del color.

La *condición inmediata* de una percepción visual es la causa principal directa para que dicha percepción sea una mera experiencia de percepción y claridad, es decir, el momento inmediatamente previo de cognición. Todas las percepciones sensoriales surgen en dependencia de sus respectivas condiciones dominantes, del objeto e inmediatas.

Las percepciones no conceptuales mentales tienen una naturaleza similar a las percepciones no conceptuales sensoriales, a excepción de que no dependen de un poder sensorial físico como condición dominante. Su condición dominante es el *poder mental,* que no es un poder físico, sino cualquier estado de cognición que preceda a la percepción mental específica. Dicho estado cognitivo previo, sea sensorial o mental, es la condición soberana de una percepción mental puesto que gracias a su fuerza ocurre la percepción mental. Para una percepción mental, pues, la condición dominante o soberana y la condición inmediata son las mismas. En lo que respecta a la con-

18 Condición soberana o dominante. Existen dos tipos de condición dominante o soberana: una *condición soberana común* y una *condición soberana dominante* o particular. La condición dominante común de una percepción visual, por ejemplo, es constituida por el poder mental, que no es otro que el momento de consciencia mental inmediatamente anterior. Se denomina *común* en la medida en que es una condición soberana para el conjunto de las cinco percepciones sensoriales. La condición soberana particular de una percepción visual es, en cuanto a ella, constituida por el poder sensorial visual. Se denomina *particular* porque es una condición dominante específica para la percepción visual. En este texto, cuando se habla de *condición soberana* nos referimos exclusivamente a la condición dominante particular.

dición del objeto, la percepción mental puede surgir en dependencia de formas físicas, así como de objetos sutiles, como las mentes de otra persona, aunque este último ejemplo sólo sería percibido en un estado de consciencia elevado llamado "clarividencia".

<table>
<tr><th>Percepción no conceptual, sensorial</th><th>Condición dominante o soberana</th><th>Condición del objeto</th><th>Condición inmediata</th></tr>
<tr><td>Visual</td><td>Poder u órgano del ojo</td><td>Forma visual</td><td rowspan="5">El momento de percepción inmediatamente precedente</td></tr>
<tr><td>Auditiva</td><td>Poder u órgano del oído</td><td>Sonido</td></tr>
<tr><td>Olfativa</td><td>Poder u órgano de la nariz</td><td>Olor</td></tr>
<tr><td>Gustativa</td><td>Poder u órgano de la lengua</td><td>Gusto</td></tr>
<tr><td>Del tacto</td><td>Poder u órgano del cuerpo o del tacto</td><td>Contacto</td></tr>
</table>

Percepciones directas (no conceptuales y exactas), percepciones falsas (no conceptuales e inexactas)

De todas las diversas *percepciones no conceptuales,* algunas son *exactas* y otras *inexactas.* Una percepción directa se define como "una percepción no conceptual (lit., *libre de conceptualidad*) y exacta (lit., *no engañosa*)". Todo *objeto que aparece* a una percepción directa existe, necesariamente, del modo en que aparece. Una percepción inexacta no conceptual, no obstante, aunque también esté libre de conceptualidad, es engañosa con respecto a lo que aparece. Sus objetos no existen del modo en que aparecen[19].

19 *Percepciones exactas e inexactas.* Cuando el objeto de una percepción existe del modo en que aparece, dicha percepción se denomina *exacta.* Si su objeto no existe del modo en que aparece, dicha percepción es denominada *inexacta.* En el caso de una percepción no conceptual, el *objeto aprehendido* por esa percepción no es otro que el objeto que aparece.

La mayoría de las percepciones no conceptuales que ocurren diariamente en nuestras vidas son directas y aprehenden sus objetos del modo en que existen, pero, algunas veces, por culpa de un defecto en el poder sensorial -por ejemplo- el objeto puede aparecer de un modo en el que no existe. Cuando tenemos ictericia, el poder de la vista se ve afectado por un aumento de bilis en el organismo y, en consecuencia, lo vemos todo con un matiz amarillo. En realidad, esas cosas no son de color amarillo, pero, puesto que ahora parecen serlo, dicha percepción visual es inexacta. De modo similar, la percepción mental del color azul aprehendida en un sueño es errónea porque no existe un color azul en el ámbito externo que se corresponda con el que se contempla en el sueño. Estos son dos ejemplos de percepciones no conceptuales inexactas, y, en consecuencia, falsas o erróneas.

Consideremos, en primer lugar, los diversos tipos de percepciones directas. Estas se dividen en cuatro categorías: percepciones directas sensoriales, percepciones directas mentales verdaderas, percepciones directas autoconscientes y percepciones directas yóguicas.

Las percepciones no conceptuales inexactas se discutirán por separado en el Capítulo Cuarto, en el apartado "Percepciones erróneas, falsas".

1. Las percepciones directas sensoriales

La percepción directa sensorial se define como "una percepción exacta, no conceptual, que surge en dependencia del órgano sensorial físico, que es su condición soberana". Una percepción exacta está libre de error con respecto a lo que le aparece. Todas las percepciones directas tienen esta característica definitoria, mientras que las percepciones no conceptuales inexactas y las cogniciones conceptuales

---

De este modo:
Si su objeto que aparece no existe tal y como aparece, esa percepción será no solo inexacta, sino también falsa.
Si su objeto que aparece existe tal y como aparece, esta percepción será no solo exacta, sino también una percepción directa.
Una percepción no conceptual exacta es pues, necesariamente, una *percepción directa*. Y una percepción no conceptual inexacta es, necesariamente, una *percepción falsa.*

son engañosas con respecto a lo que aparece ante ellas.

Percepción "libre de conceptualidad" da a entender que se trata de una percepción clara, inmediata: es decir, que el objeto aparece a la mente sin *intermediario*, sin necesidad de mezclarse con ninguna imagen mental proyectada subjetivamente, y se contempla de manera directa, del modo en que existe objetivamente.

Puesto que hay cinco poderes u órganos sensoriales, gracias a ellos pueden surgir cinco tipos correspondientes de percepción sensorial directa, es decir: visual, auditiva, olfativa, gustativa y del tacto.

Antes de discutir las tres categorías restantes será necesario introducir la clasificación de las percepciones en percepciones autoconscientes y percepciones hetero-conscientes.

2. Las percepciones autoconscientes y percepciones hetero-conscientes

Todas las percepciones se experimentan ellas mismas, es decir, poseen una cualidad inherente de autoconsciencia. Esta cualidad de la consciencia se denomina *percepción autoconsciente* o *autoconocedora*. Las percepciones autoconscientes son, exclusivamente, percepciones no conceptuales. Tienen como único objeto los estados de la consciencia y, además, son sustancialmente idénticos a ellas. Nunca observan objeto externo alguno.

Por otro lado, las percepciones *hetero-conscientes*, o que conocen otros fenómenos, son todas las percepciones que aprehenden, de modo conceptual o no conceptual, los objetos externos, así como aquellos estados de consciencia que no son sustancialmente idénticos a ellas mismas. Esta categoría incluye todas las percepciones no conceptuales sensoriales, las percepciones conceptuales mentales y las percepciones mentales no conceptuales que aprehenden objetos externos. Una percepción hetero-consciente o que conoce otros fenómenos se define como "la que adopta el aspecto del objeto que se aprehende", mientras que la percepción autoconsciente se define como "la que adopta el aspecto del sujeto que aprehende".

Para ilustrar estas características tomemos el ejemplo de la percepción visual directa del color azul. El objeto de esta percepción es algo que se aprehende, en contraposición con el sujeto que aprehende, y por tanto se afirma que la percepción que lo observa adopta el aspecto de un objeto que puede ser aprehendido. El acto de aprehender o percepción a menudo se compara con un trozo de cristal claro porque, del mismo modo que el color de un objeto se refleja en un trozo de cristal que se pose encima, la mente refleja o adopta el aspecto de cualquier objeto que aprehende. Se dice pues que la percepción visual del color azul adopta o refleja el aspecto de un objeto aprehendible —el color azul—, y por tanto es una percepción hetero consciente o una cognición que conoce a otros fenómenos. Pero, simultáneamente a esta aprehensión del color azul externo, tiene lugar una percepción autoconsciente que experimenta la percepción visual misma, y por ello se dice que adopta el aspecto de la aprehensión. La percepción autoconsciente no surge en dependencia causal de la aprehensión que experimenta, sino que es sustancialmente idéntica a ella. Por lo tanto, las percepciones hetero conscientes, sin excepción, se experimentan de este modo gracias a una percepción autoconsciente, esa cualidad inherente presente en cada estado de percepción.

3. *Las percepciones directas mentales*

Estas precisiones que se han dado a propósito de las percepciones autoconscientes y hetero-conscientes ayudan a comprender lo que distingue una percepción directa mental de una percepción directa autoconsciente.

Una percepción directa mental se define como "una percepción hetero-consciente, exacta, libre de conceptualidad, que surge en dependencia del sentido mental, que es su condición soberana". Un ejemplo de percepción directa mental es la percepción del estado mental de otra persona mediante la clarividencia. Aunque dicha percepción sólo es accesible a quien ha obtenido la permanencia apacible y, a partir de ella, ha procedido a desarrollar esta capacidad. En gente ordinaria como nosotros, las únicas percepciones directas mentales son las que ocurren durante un tiempo extremadamente corto, que aparecen inmediatamente después de tener una percepción directa sensorial e inmediatamente antes de que surja una percepción conceptual. Para nosotros, las percepciones directas sensoriales y las percepciones conceptuales son las funciones cognitivas predominantes. Sin embargo, cuando una percepción directa sensorial estimula la actividad mental, inicialmente una percepción directa mental tiene un atisbo muy breve del objeto, antes de que tenga lugar cualquier respuesta conceptual. Esta percepción directa mental es de tan corta duración que no se registra con fuerza en la memoria y, por ello, forma parte de lo que se denomina *percepciones inatentas*[20]. (Capítulo 4, *Percepciones no válidas*)

Las percepciones directas mentales se pueden dividir en seis categorías según los seis tipos de objeto que aprehenden:

Percepciones directas mentales de formas visuales.
Percepciones directas mentales de sonidos.
Percepciones directas mentales de olores.
Percepciones directas mentales de sabores.
Percepciones directas mentales de contactos en el campo del tacto.
Percepciones directas mentales de objetos puramente mentales.

Debería tenerse en cuenta también que, cuando hablamos de una percepción directa mental, sólo nos estamos refiriendo a las percepciones directas mentales hetero-conscientes.

4. Las percepciones directas autoconscientes

La percepción directa autoconsciente se define como "una percepción exacta, libre de conceptualidad, que adopta el aspecto de una aprehensión". De hecho, todas las cogniciones autoconscientes son exactas y no conceptuales. Esta definición se aplica a cualquier percepción autoconsciente de la mente.

En los diversos sistemas de filosofía budista se discute mucho sobre si la percepción autoconsciente o autoconocedora existe de verdad. Su existencia es afirmada por las escuelas sautrantika, chi-

20 *Percepciones inatentas*: el término tibetano se podría traducir también como *percepción no consciente*.

tamatra y yogacarya-svatantrika madhyamika, pero es negada por la vaibhashika, la sautrantika-svatantrika-madhyamika y la prasangika madhyamika. Especialmente, en el sistema prasangika se enfatiza mucho su refutación cuando se intenta desaprobar la validez de ciertos principios postulados por los filósofos chitamatrin[21]. No obstante, puesto que este trabajo está escrito según la escuela sautrantika, aquí se debe asumir que la percepción autoconocedora o autoconsciente existe.

5. *Las percepciones directas yóguicas*

La percepción directa yóguica se define como "una percepción hetero-consciente, no autoconocedora, exacta y libre de conceptualidad, en la mente de un arya, y que surge en dependencia de la unión de la concentración de la permanencia apacible y la visión superior, que son su condición dominante".

Dicha percepción es exclusivamente directa, exacta y no conceptual, y sólo ocurre en el continuo mental de un arya, es decir, de alguien que comprende directamente la ausencia de existencia intrínseca de la persona. Además, para obtener su condición dominante, la unión de la permanencia apacible y la visión superior, es necesario dirigir la mente a un estado de permanencia concentrada y cultivar un estado penetrante de inteligencia que comprenda el significado de cosas como la ausencia de existencia esencial o intrínseca de la persona. Sólo cuando estos dos estados de consciencia se encuentran unificados en la corriente concentrada de uno, pueden hacer surgir una percepción directa yóguica. Ejemplos de dichas percepciones directas yóguicas son percibir la transitoriedad burda y sutil y la ausencia de existencia intrínseca burda y sutil de la persona.

Así concluye una presentación general de las percepciones no conceptuales en la que hemos intentado describir la característica básica de los estados perceptuales de la mente, diferentes de los procesos discursivos de las percepciones conceptuales. En los siguientes capítulos continuaremos examinando los diversos tipos de percep-

---

21 Shantideva, en *Guía a la forma de vida del bodhisatva* (capítulo 9), y Chandrakirti en *Guía al camino medio.*

ciones no conceptuales que hemos introducido aquí desde el punto de vista de su fiabilidad cognitiva, es decir, según las características que las hacen percepciones válidas, subsiguientes, inatentas y las falsas o erróneas.

LAS PERCEPCIONES CONCEPTUALES

La manera en que respondemos de modo consciente a los objetos que han sido percibidos de modo directo con los sentidos es por medio de pensamientos y concepciones. Tenemos la tendencia de pensar en el mundo de los colores y las formas, sonidos y olores, sabores y sensaciones del cuerpo, que constituyen nuestra experiencia cotidiana. Gracias al proceso conceptual o de representación el hombre ha construido sistemas de filosofía y teorías psicológicas. El desarrollo de estos mismos procesos ha dado lugar al surgimiento de la ciencia y la era de la tecnología en la que ahora vivimos.

Las percepciones conceptuales falsas, erróneas, son responsables de todos los pensamientos y emociones molestas que, a su vez, motivan la actividad física, verbal y mental causante de una condición cíclica de la existencia (samsara) en la que se experimentan, inevitablemente, sufrimiento y descontento.

Las percepciones no conceptuales son, esencialmente, estados de consciencia receptivos y no reflexivos, mientras que las percepciones conceptuales son activas y reflexivas. Como vimos en la sección previa, la aparición de percepciones no conceptuales se apoya en tres causas principales para su surgimiento: la condición dominante o soberana, la condición del objeto y la inmediata. Las percepciones conceptuales, por el contrario, sólo se apoyan en dos, la condición soberana y la condición inmediata. En consecuencia, que aparezcan no depende principalmente de la condición del objeto, sino únicamente del estado de consciencia previo que, para ella, al ser una cognición mental, actuará tanto de condición soberana como inmediata.

A diferencia de la percepción no conceptual, una percepción conceptual, por tanto, representativa, no aprehende su objeto porque este aparezca ante ella, sino que más bien lo aprehende gracias a la fuerza de una disposición subjetiva. Por ejemplo, un color, el poder sensorial de la vista y un estado de consciencia son las condiciones que, de modo automático, producen la percepción visual de un color. En cambio, la concepción "esto es un color" es una reflexión intencionada sobre un objeto ya presente en la mente gracias a la percepción sensorial visual. Esto es un ejemplo del tipo común de concepción que se formula en la corriente interna del pensamiento, y que, en todo momento, acompaña nuestra experiencia sensorial del mundo.

Además de este tipo de concepción, todas las respuestas emocionales internas, sean virtuosas o nocivas, que tenemos a partir de nuestras experiencias, también son consideradas formas conceptuales de cognición. Dichas respuestas subjetivas ocurren debido a nuestras predisposiciones que, a su vez, son establecidas por el hábito. Hay personas, por ejemplo, que tienen una fuerte tendencia a responder con enfado, mientras que otras carecen de esta tendencia y, por el contrario, son capaces de aceptar pacientemente cualquier situación con la que se encuentran. Estas distintas reacciones se deben al modo en que la mente ha sido condicionada y adiestrada en el pasado. Por lo tanto, puesto que dichas predisposiciones no son propiedades intrínsecas de la mente, es posible superar cualquier tendencia insana y molesta si uno se acostumbra y habitúa a su correspondiente actitud virtuosa.

Imágenes mentales

El elemento más característico de una percepción conceptual es que aprehende el objeto al "mezclarlo" con una imagen mental de él. En cualquier percepción conceptual, el objeto concebido aparece indistinguiblemente mezclado con una imagen del objeto proyectado subjetivamente. La percepción conceptual, no obstante, es incapaz de distinguir entre el objeto tal y como existe objetivamente y su propia imagen, que se proyecta de un modo subjetivo, y que aparece mezclada con el objeto. Por este motivo es un estado de cognición inexacto, equivocado, pero que sea *equivocado* o *inexacto* no niega, necesariamente, que tenga una validez cognitiva. Aquí la equivocación o inexactitud *sólo* se refiere al modo en que aparece el objeto, y no al *modo* en que existe. Hay percepciones conceptuales equivocadas tanto con respecto al modo en que existen sus objetos como al modo en que aparecen, pero éstas serían percepciones erróneas, y no inexactas. Aparte de estos casos, existen muchas percepciones conceptuales que aprehenden correctamente el modo de existencia de su objeto, aunque el objeto *aparezca* de una manera errónea.

Este proceso se puede ilustrar por medio de la siguiente analogía: imagina a un miope. Todo lo que ve a la distancia sin sus gafas parece poco claro y borroso. Pero, tan pronto como se las pone, las imágenes difusas previas se ven claramente. Al igual que esta persona cuya vista es deficiente percibe las formas visuales gracias al *intermediario* de sus gafas, una percepción representativa o conceptual aprehende su objeto gracias al *intermediario* de una imagen mental. Una semejanza adicional es que, al igual que el miope es incapaz de distinguir entre el objeto que ve y los vidrios de sus gafas, una percepción conceptual es incapaz de distinguir las características de su objeto de las que subjetivamente impone la imagen mental.

Sin embargo, esto no implica que una imagen mental no sea aprehendible. Aunque no es aprehendida por la percepción conceptual que la confunde con el objeto, puede ser aprehendida por otras percepciones conceptuales. Especialmente cuando recordamos algo, podemos conocer la imagen mental del objeto por medio de otra concepción. La memoria es una percepción conceptual. Pero esta concepción de la imagen mental misma es siempre una concepción diferente que la del recordar, que usa la imagen para referirse a su objeto. Imagina que percibes una mesa delante de ti. El primer instante de percepción es una percepción directa que será inmediatamente seguida de una percepción conceptual mental que no es consciente de la presencia de la imagen mental que se confunde con el objeto. Pero si, posteriormente, recuerdas este objeto cuando ya no está más presente delante de ti, lo que percibes es únicamente la imagen mental.

Del mismo modo, cuando escuchas una enseñanza, la primera percepción es una percepción directa auditiva, seguida de una percepción mental conceptual. Esta última no tiene consciencia de la presencia de la imagen mental que se ha mezclado con el objeto que ella percibió. Posteriormente, cuando recuerdas lo que has entendido, recuerdas solo la imagen mental (como veremos después, se trata entonces de una *imagen mental nominal*).

Es preciso entender que cada percepción conceptual –un simple pensamiento, recordar un objeto o el aferramiento instintivo a la noción de un *yo* inherente o esencial –aprehende su objeto de este modo.

Percepciones conceptuales basadas en imágenes empíricas y nominales

Una percepción conceptual se define como "una cognición representativa que aprehende su objeto gracias a una imagen nominal o empírica que son adecuadas para ser mezcladas". En general, definimos la imagen mental de un objeto como "lo que, a pesar de no ser el objeto, aparece a la percepción conceptual que lo aprehende como si lo fuera". Es preciso distinguir entre *imágenes empíricas* o *experienciales* e *imágenes nominales*: las dos tienen estas características definitorias porque en ambos casos se trata de imágenes mentales. Así, las imágenes experienciales y las nominales son los dos tipos de imágenes mentales. Son diferentes por la manera en que el objeto en cuestión ha sido o está siendo aprehendido. Si hemos tenido o estamos teniendo una percepción directa del objeto nos es posible concebirlo por medio de una imagen experiencial, pero sin dicha experiencia sólo sería posible concebirlo por medio de una imagen nominal.

La representación conceptual de algo a través de una imagen nominal no depende de haber tenido una experiencia directa del objeto, sino tan solo de una descripción verbal de ella. Solo cuando estamos familiarizados con el objeto por medio de una percepción directa y de una descripción verbal, es posible concebirlo de los dos modos. En dicho caso, la imagen experiencial o empírica y la nominal del objeto aparecen juntas. Cuando la definición dice *adecuado para ser mezcladas* o *ser confundidas*, indica que la concepción de un objeto ocurre 1) solo por medio de una imagen experiencial, 2) solo por una imagen nominal o 3) por medio de las dos juntas. De ahí los tres tipos de percepciones conceptuales:

1. Las que aprehenden su objeto por medio solo de una imagen empírica
2. Las que aprehenden su objeto por medio solo de una imagen nominal
3. Las que aprehenden su objeto por medio de las dos.

Un ejemplo del primer tipo, la concepción de un objeto basada en una imagen empírica o experiencial, sería la percepción conceptual en un niño de un objeto que ha visto directamente y lo ha aprehendido, pero aún no conoce nombre alguno con el que describirlo o identificarlo. Después de esta experiencia el niño es capaz de concebir o representar lo que ha visto, pero esta percepción conceptual le ocurre solo a través de la aparición de una imagen experiencial desprovista de toda imagen basada en una descripción verbal.

Un ejemplo de percepción conceptual que aprehende su objeto mediante tan solo una imagen nominal es el concepto de Roma en la mente de alguien que nunca ha estado allí, y que sólo ha oído una descripción de la ciudad. Una vez más, la persona podrá formarse una representación de Roma en su mente, pero le ocurrirá solo a través de la aparición de una imagen nominal, desprovista de toda imagen basada en la propia experiencia.

En tercer lugar, la percepción conceptual de un objeto por medio de imágenes empíricas y nominales es la concepción en la mente de una persona de un objeto -como su casa o su coche- que los ha aprehendido directamente y los reconoce por su nombre y descripción. En este caso, la percepción representativa o conceptual del objeto ocurre por medio de la imagen empírica y de la imagen nominal que aparece a su mente.

Aunque en estos tres ejemplos las imágenes experienciales y nominales aparecen a la mente, las mentes que las aprehenden no las aprehenden como objetos [en sí], sino que, en cualquier percepción conceptual o representativa, las imágenes experienciales y nominales actúan solo como un medio –como los vidrios de las gafas en nuestro ejemplo– a través del cual los objetos primarios –lo que fue visto por el niño, Roma o la casa y el coche del hombre– son aprehendidos–. En estos tres ejemplos, las imágenes empíricas o experienciales y las nominales son similares en el sentido de ser proyecciones subjetivas que reproducen una imagen del objeto por cuya apariencia puede tener lugar una percepción conceptual.

La diferencia entre una imagen experiencial y una imagen nominal depende de la base sobre la que se hace la representación. Si la imagen se forma a partir de la experiencia directa de una persona, es una imagen empírica. Pero si la imagen se forma debido a la etiquetación o descripción de un objeto, es una imagen nominal. Puesto que muchas imágenes son reproducidas tanto de una experiencia directa como de una etiquetación y descripción (sin depender exclusivamente de cualquiera de estas bases) también hablamos de concepciones que ocurren por medio de imágenes experienciales y nominales juntas. Todas las percepciones conceptuales, por lo tanto, ocurren de uno de estos tres modos, y amplificando cada uno de los ejemplos que se dan arriba deberíamos entender de qué modo ocurre.

Percepciones conceptuales que confieren un nombre y percepciones conceptuales que confieren un sentido

Se puede hacer otra distinción en las percepciones conceptuales según su función cognitiva: concepciones conectadas al término y concepciones conectadas al hecho o al sentido. La mayoría de las percepciones representativas o concepciones funcionan según uno de estos dos modos: o dan un nombre a un objeto o aplican ciertas cualidades a un objeto.

La *percepción conceptual que confiere un término* se define como "una concepción o percepción representativa que aprehende su objeto al conectarle un término". Ejemplos de ello serían pensamientos como "Esto se denomina jarrón" o "Eso se llama mesa". En estos casos la percepción conceptual tiene lugar a través de la simple designación de los términos "jarrón" y "mesa" a objetos que tienen las características necesarias para merecer dicha identificación.

La *percepción conceptual que confiere un sentido* se define como "una concepción o percepción representativa que aprehende su objeto al conectar una cualidad a su base". Un ejemplo de esto sería el pensamiento "El sonido es transitorio". Aquí el objeto no se identifica solo con un término, sino que es designado por un grupo de palabras o frase que le atribuye la característica de la transitoriedad. Sin embargo, todas las percepciones conceptuales que confieren un término son, necesariamente, concepciones que confieren un sentido. Por ejemplo, el pensamiento "Esto se denomina jarrón", además de simplemente designar el objeto con la etiqueta *jarrón*, también conecta la cualidad de ser *un jarrón* a su base —un objeto con la base plana, estómago redondo y la capacidad de guardar agua–.

Las percepciones conceptuales que confieren un sentido, sin embargo, no son, necesariamente, percepciones conceptuales que confieren un término o nombre. Por ejemplo, el pensamiento "El sonido es transitorio" sólo aplica una cualidad específica —la transitoriedad— a un objeto —el sonido—, pero no etiqueta el sonido con un término por medio del cual pueda ser exclusivamente comprendido.

No obstante, no todas las percepciones conceptuales, representativas, se encuentran necesariamente dentro de estas dos categorías. Por ejemplo, la simple percepción conceptual de un jarrón, aunque aprehende su objeto confundiéndolo con la propia imagen subjetivamente proyectada, ni es una percepción que confiere un término ni una que confiere un sentido, sino que es tan solo una aprehensión conceptual de la presencia fundamental del jarrón.

Percepciones conceptuales conformes o no conformes con la realidad

Las percepciones conceptuales también pueden concordar o no con la realidad. Una percepción conceptual *concuerda con la realidad* cuando el objeto que aprehende existe; mientras una que *no concuerda con la realidad* es aquella en que el objeto que se aprehende es inexistente. En consecuencia, la percepción conceptual que concibe que el sonido es transitorio –por ejemplo– está de acuerdo con la realidad, y por ello es una concepción en consonancia con la realidad. Pero concebir que el sonido es estático es una concepción falsa porque no se ajusta a la realidad: es una percepción conceptual que no concuerda con la realidad, una *percepción falsa conceptual.*

En el caso de las percepciones no conceptuales, la distinción entre percepción falsa (inexacta) y percepción directa (exacta) venía determinada por si el objeto aparecía de un modo engañoso o no. Pero las percepciones conceptuales, puesto que el objeto siempre aparece de un modo equivocado —es decir, inseparablemente mezclado con una imagen mental—, sólo se establecen como verdaderas o falsas dependiendo de lo que aprehenden, y no según lo que aparece ante ellas.

Recuerdos y especulaciones sobre el futuro

Finalmente, debido a su frecuente aparición, han de mencionarse otros dos tipos de percepciones conceptuales: los recuerdos y las especulaciones sobre el futuro. Las percepciones no conceptuales están relacionadas con objetos que existen en el presente y que podemos experimentar de modo directo. Las percepciones conceptuales, no obstante, además de considerar la experiencia personal presente también son capaces de rememorar experiencias pasadas y planear sucesos para el futuro. Empleamos una gran cantidad de nuestro tiempo diario en estas dos actividades conceptuales. Constantemente nos referimos al pasado y recordamos sucesos pasados, además de planear el curso de nuestro futuro, sea para mañana o para el año próximo, o incluso para la siguiente vida.

Desde el punto de vista positivo podemos usar la memoria para comprender el carácter transitorio e insatisfactorio de nuestras vidas recordando e investigando la naturaleza de nuestras experiencias previas. Del mismo modo, podemos constructivamente planear el futuro contemplando las diversas etapas en el sendero a la Iluminación y generando el deseo de realizar estas etapas y progresar a lo largo del sendero.

Por el contrario, puesto que tendemos a complacernos en recuerdos o memorias de los placeres sensoriales y planear el futuro solo para la gratificación personal limitada en el futuro inmediato, desperdiciamos el gran potencial de la vida humana y perpetuamos el ciclo de la existencia condicionada, insatisfactoria y destinada al sufrimiento. La mayor parte de nuestra actividad está motivada por este género de imaginación o especulación orientada al futuro, y en consecuencia pasamos nuestra vida esforzándonos en obtener nuestros diversos objetivos, aunque en muchos casos no tenemos éxito.

3 Las percepciones válidas

3 Las percepciones válidas

Hemos visto en el capítulo previo que una percepción puede ser no conceptual o conceptual. Sin embargo, de entre todas las formas de conocimiento, algunas son consciencias válidas, es decir, perfectas, y otras son no válidas[22], o imperfectas. En este capítulo y en el siguiente explicaremos los factores que hacen posible una percepción válida. Además, veremos qué percepciones carecen de esos factores y, por ello, son no válidas.

Estas diferentes percepciones válidas y no válidas se describirán en siete cabeceras conocidas como *los siete tipos de percepciones*. En el presente capítulo estudiaremos dos de ellas: las percepciones directas válidas y las percepciones conceptuales válidas[23]. Las cinco restantes -la cognición subsiguiente, la creencia correcta y precaria, la percepción inatenta, la indecisión o duda y la percepción falsa o errónea- son no válidas y se explicarán en el capítulo siguiente.

ETIMOLOGÍA Y DEFINICIÓN

Lo que traducimos por *percepción válida* corresponde al sánscrito *pramana. Pra* significa *inicial, fresca, principal* o *mejor*; y *mana* significa *percepción, conocimiento* o *cognición.* Todas las escuelas filosóficas budistas, excepto la prasangika madhyamika, sostienen que *pra* da a entender que una mente o percepción válida es una cognición fresca, inicial, es decir, sólo alude al primer momento de percepción en una corriente particular de conocimiento. No obstante, los prasangika madhyamika comentan que el prefijo *pra* da a entender el *objeto principal* que se conoce y, por tanto, creen que *pramana* se refiere a una percepción que comprende de manera probada su objeto principal. Para ellos, las percepciones válidas no son, únicamente, el primer instante de comprensión, sino también cualquier momento

22 *Percepciones válidas* y *percepciones no válidas*: los términos tibetanos correspondientes se podrían, igualmente, traducir como *percepciones probadas* y *no probadas*; *establecidas* o *no establecidas*.

23 Las *percepciones discursivas válidas* se denominan también *inferencias válidas*.

subsiguiente de cognición que establezca plenamente el objeto. No obstante, puesto que este trabajo sigue el sistema sautrantika, seguiremos la primera interpretación que define las percepciones válidas como percepciones iniciales y fiables.

Inicial

El carácter *inicial* indica que una percepción válida sólo ocurre en el acto inicial cognitivo de cualquier serie correlacionada de percepciones. Por ejemplo, dependiendo de una prueba lógica podemos comprender claramente que el sonido es transitorio. El momento inicial de comprensión, cuando entendemos plenamente el significado de este punto, es una percepción válida. Pero cuando, de modo subsiguiente, nos referimos a este punto, aunque retenemos nuestra comprensión, siempre será inducida por la fuerza de la comprensión original (y estará desprovista de su impacto inicial).

De este modo las percepciones válidas, sean directas o conceptuales, tienen esta cualidad de ser conocimientos *iniciales*, *primeros*, gracias a los cuales se pueden inducir todas las percepciones subsiguientes.

Decir que *inicial* es la característica definitoria de una percepción válida elimina la posibilidad de que cualquier percepción subsiguiente[24] sea considerada como válida, como afirma la tradición prasangika madhyamika.

Fiable

La segunda característica definitoria de una percepción válida es su carácter infalible, es fiable. Eso quiere decir que una percepción válida es una percepción *establecida,* es decir, que percibe su objeto de manera exacta. ¿Esto qué significa? Una percepción probada o demostrada es una capaz de conducir a una certidumbre acerca del objeto y elimina toda equivocación al respecto. Las percepciones probadas o comprendidas tal y como se entienden aquí pueden ser percepciones no conceptuales o conceptuales. Una percepción no conceptual que comprende su objeto de manera probada es la percepción visual de una rosa –que crea una impresión suficiente en la

24 *Percepción subsiguiente.* El término tibetano es igualmente traducido como *percepción posterior.*

mente para poder tener la certidumbre conceptual correcta de que se ha visto una rosa–. Además, puesto que basándonos en esta percepción no hay posibilidad de malinterpretar la rosa creyendo que es algo diferente, se dice que es capaz de eliminar malentendidos en relación con el objeto.

Del mismo modo, en términos de las percepciones conceptuales, la cognición inferencial correcta que entiende que el sonido es transitorio produce una certidumbre total sobre este hecho, y no deja espacio para dudas o malinterpretaciones. Por lo tanto, también se considera una percepción que demuestra o establece su objeto. Así pues, estos dos criterios establecen si una percepción comprende o no su objeto, y en consecuencia puede ser considerado como fiable, infalible.

Previamente hablábamos de percepciones directas (es decir, no conceptuales y exactas) y percepciones conceptuales conformes a la realidad[25]. Sin embargo, no se debe pensar que una percepción conforme a la realidad sea sinónimo de percepción fiable. Lo que hace que una percepción sea conforme a la realidad o no es si la aprehensión que hace de su objeto está de acuerdo con la realidad o no, y no si es capaz de inducir o no convicción y certidumbre sobre su objeto. Uno puede creer que el sonido es transitorio, por ejemplo, lo cual está de acuerdo con la realidad y así esa creencia es una percepción conforme a la realidad. Pero esto no significa que sea una percepción que ha *experimentado* de manera probada que el sonido sea transitorio porque, al ser solo una creencia precaria[26] , no tiene la base de un razonamiento perfecto y por tanto es incapaz de hacer surgir una certidumbre y convicción real sobre el hecho en el que cree.

Por lo tanto, aunque una creencia precaria correcta sea una percepción conforme a la realidad, no es una cognición infalible. No se la puede considerar pues una percepción válida, aunque tenga las otras dos características definitorias: inicial y percepción. De manera similar, la percepción inatenta de un sonido, por ejemplo, también

25 Recordemos que las percepciones directas son, en todo caso, percepciones conforme a la realidad.

26 *Creencia precaria precisa*: el término tibetano correspondiente se traduce en castellano también como *creencia precaria*.

es una percepción directa. Sin embargo, no es una cognición de fiar porque la impresión que deja en la mente no es lo suficiente fuerte como para inducir certidumbre alguna con respecto a lo que era el sonido, o si, de hecho, se ha oído o no.

Percepción

La tercera característica definitoria de una percepción válida es el hecho de que sea una *percepción*. Este punto se incluye para eliminar la idea de que puedan existir tipos de percepciones válidas que no sean de la naturaleza de la consciencia. De modo específico nos referimos a la creencia vaibhashika que afirma que los poderes u órganos sensoriales que actúan como base de una percepción válida son también, ellos mismas, válidos (*pramana*). De hecho, son solo objetos físicos incapaces de cualquier actividad consciente.

LAS PERCEPCIONES DIRECTAS VÁLIDAS

Hemos discutido el tema de las percepciones no conceptuales en general y, a este respecto, hemos explicado lo que diferencia una percepción directa (no conceptual y exacta) de una percepción no conceptual inexacta o falsa (es decir, percepciones falsas). Seguidamente añadiremos una distinción que se hace dentro de las percepciones directas: las que son válidas y las que no lo son.

Una percepción directa válida es, necesariamente, una percepción directa, no conceptual y exacta. Pero una percepción directa no es, necesariamente, una percepción válida. Una percepción válida se define como "Una percepción inicial y fiable, libre de conceptualidad".

Cualquier percepción directa que carezca de las características definitorias de ser inicial, fiable, es una percepción no válida. Por lo tanto, todas las percepciones no conceptuales subsiguientes son no válidas porque carecen de la cualidad de la frescura inicial, y todas las percepciones inatentas son no válidas porque carecen de la cualidad de la infalibilidad.

En lo que respecta a las percepciones directas válidas se pueden distinguir cuatro tipos: percepción directa válida sensorial, mental, autoconsciente y yóguica.

Las percepciones directas válidas sensoriales

Una percepción directa válida sensorial se define como "Una percepción no conceptual inicial, infalible, que surge en dependencia de un órgano sensorial físico, que es su condición soberana". Según el órgano o poder sensorial respecto al que se genera se puede hablar de una quíntuple distinción (visuales, auditivas, olfativas, gustativas y del tacto). Un ejemplo es la percepción visual inicial y establecida de una rosa. Solo el acto cognitivo inicial es considerado válido, ya que todas las percepciones subsiguientes que pertenecen al mismo continuo de la percepción visual –además de cualquier comprensión conceptual resultante– son inducidas por la fuerza de la percepción inicial[27].

Las percepciones directas válidas mentales

La definición de percepción directa válida mental es: "Una percepción que es hetero-consciente, no conceptual (desprovista de conceptualidad), inicial, infalible, que surge en dependencia del sentido mental, que es su condición soberana".

Se trate de las percepciones directas válidas sensoriales o de las percepciones directas válidas mentales, las características que las definen son similares a aquellas que definen las percepciones directas correspondientes, a las cuales conviene siempre añadir que ellas tienen las propiedades de ser iniciales e infalibles.

Del mismo modo, hay una séxtuple división de las percepciones directas válidas mentales: percepciones directas válidas mentales de formas, sonidos, olores, sabores, sensaciones del tacto y meros objetos mentales. Ejemplos de estas percepciones directas válidas mentales sólo se pueden encontrar en las mentes de los aryas; para los seres ordinarios las percepciones mentales verdaderas siempre serán inatentas. Uno de estos ejemplos sería el momento inicial de percepción, por parte de un arya, de la mente de otra persona.

27 Esto se refiere al hecho de que toda percepción directa inicial de una rosa particular puede dar pie a su propia serie de percepciones (directas y conceptuales) subsiguientes a esa primera percepción. Esto no quiere decir que la primera percepción de una rosa que se puede tener en esta vida sirva de base a todas las percepciones subsiguientes de rosas (sean directas o conceptuales)

Las percepciones directas válidas autoconscientes

La definición de una percepción directa autoconsciente válida es: "Una percepción no conceptual (libre de conceptualidad), inicial, fiable, y que adopta el aspecto de una aprehensión". Podemos distinguir dos tipos: las que tienen la experiencia de percepciones sensoriales y las que tienen la experiencia de percepciones mentales. Un ejemplo es la experiencia inicial autoconsciente de cualquier estado de cognición que sea capaz de inducir una certidumbre subsiguiente y convicción sobre su objeto.

Las percepciones directas válidas yóguicas

La definición de una percepción directa válida yóguica es: "Una percepción hetero-consciente, no conceptual (libre de conceptualidad), inicial, fiable, en la mente de un arya, y que surge a partir de la concentración unificada de la permanencia apacible y la visión superior penetrante, que son su condición soberana".

Se hacen diversas divisiones de las percepciones directas yóguicas, según los diferentes objetos percibidos. Un ejemplo es la comprensión inicial por parte de un arya de la percepción establecida de la ausencia de existencia esencial o intrínseca del yo.

Además de las percepciones válidas descritas arriba, entre las percepciones no conceptuales sensoriales, mentales y autoconscientes, se encuentran igualmente las percepciones subsiguientes y las inatentas. Pero, en el caso de las percepciones no conceptuales yóguicas, aunque existen sus estados subsiguientes, un estado inatento es imposible porque todas las percepciones meditativas, necesariamente, comprenden lo que aparece ante ellas. La naturaleza de las percepciones subsiguientes e inatentas se clarificará en el siguiente capítulo.

LAS PERCEPCIONES CONCEPTUALES VÁLIDAS (INFERENCIAS VÁLIDAS)

A diferencia de la percepción directa válida de un objeto, que se produce como experiencia directa, una percepción conceptual valida tiene que apoyarse, necesariamente, en una base lógica adecuada y en el razonamiento riguroso. Por tanto, de todas las percepciones conceptuales, solo una percepción inferencial en el estado inicial establecida o probada y que se genera en base al razonamiento perfecto se considera una percepción conceptual válida. Dicho estado mental, conocido como percepción inferencial válida, se define como "una percepción conceptual, inicial y fiable que surge en dependencia directa de una razón perfecta, que es su base". El término para inferencia en sánscrito es *anumana. Anu* significa *después*, y *mana* significa *cognición*. Por lo tanto, una percepción inferencial válida es una percepción establecida que ocurre después de una cierta cantidad de investigación lógica. En esta tradición, sin embargo, el término *inferencia* sólo se refiere a una inferencia válida, y no a cualquier percepción que ocurra después de pensar e investigar. Una inferencia válida está precisamente fundada en un razonamiento perfecto que responde a todas las reglas de una lógica rigurosa, no es el mero resultado de una reflexión o de una investigación.

Una razón perfecta

Las percepciones inferenciales válidas son muy importantes para comprender correctamente (percepción establecida o demostrada) fenómenos que no son evidentes a las percepciones no conceptuales. Cosas como la transitoriedad sutil y la ausencia de existencia intrínseca de la persona y de los fenómenos están, en el presente, ocultas a nuestra experiencia directa, y sólo se pueden comprender mediante una percepción conceptual. Para progresar a lo largo del sendero a la Iluminación, es esencial entender todas estas cosas. Pero, antes de tener una percepción directa de ellas, es necesario establecerlas correctamente, de modo seguro, por medio de percepciones inferenciales válidas.

Una comprensión inferencial de estas cosas no surge en nuestra mente rezando o por medio de dificultades físicas. Se cultiva basándose en un proceso de razonamiento preciso. Para entender inferencialmente que el sonido es transitorio –por ejemplo– se tiene que encontrar y establecer una razón perfecta en la mente, en este caso una razón perfecta que demuestre que el sonido es transitorio porque es creado debido a causas y condiciones. No obstante, afirmar esta razón no es suficiente para que ocurra una comprensión establecida.

En primer lugar, debe establecerse que la razón es, a la vez, aplicable al sujeto y congruente con el predicado (la propiedad a establecer). En este caso, el sujeto es *el sonido*; la *transitoriedad* es el predicado, el factor que se debe establecer, y la razón es el hecho de que el sonido *es creado*. En primer lugar, el hecho de que es creado es aplicable al sujeto *–el sonido–*, ya que ser creado es una propiedad natural del sonido. En segundo lugar, la cualidad de ser creado es congruente con el predicado *–transitorio–*, porque todo lo que es creado, necesariamente, es transitorio. Por lo tanto, ser creado es una razón perfecta para establecer que el sonido es transitorio.

La percepción válida inferencial que entiende que el sonido es transitorio sólo puede surgir cuando estas condiciones de aplicabilidad al sujeto y congruencia con el predicado son establecidas en la mente de una persona que desea obtener dicho conocimiento[28].

Comprender la función de la razón

¿A través de qué proceso cognitivo se puede establecer la aplicabilidad al sujeto y la congruencia con el predicado (la propiedad que hay que establecer)? Antes de despertar una comprensión válida inferencial se requieren dos comprensiones adicionales conocidas como *comprensiones que establecen la razón*. Estas actúan como condición secundaria que transforma la creencia correcta precaria de que el sonido es transitorio en una comprensión establecida o probada.

La comprensión de la función de la razón tiene el papel de asegurar la aplicabilidad de la razón al sujeto, y la otra la de asegurar que la razón implica, necesariamente, la propiedad que hay que estable-

28 Para simplificar no hemos mencionado que la aplicabilidad de la razón al sujeto y el hecho de que la razón deba, necesariamente, implicar (implicación necesaria) la propiedad que se ha de establecer (implicación por la razón de la propiedad a establecer, o predicado) como condiciones indispensables para que una razón pueda ser "perfecta" (razón perfecta). De hecho, se ha de establecer igualmente una tercera condición, se trata de la "contra-implicación", es decir, que la razón no debe poder implicar lo que es contrario al predicado. Estas tres condiciones son denominadas "las tres reglas" y constituyen las características que definen una razón perfecta.

cer. Por lo tanto, siguiendo con nuestro ejemplo, se deben generar dos percepciones antes de producirse una inferencia válida de que el sonido es transitorio; una que establezca que la característica de *ser producido* se puede aplicar al sonido, y la otra ha de establecer que todo lo que es producido es transitorio.

La primera de estas dos comprensiones (percepciones establecidas), la cognición que comprende que el sonido es producido (en el contexto de demostrar que el sonido es transitorio por el hecho o razón de ser un fenómeno producido), se define como sigue: "Una percepción en el continuo mental de un interlocutor perfecto la cual es (a) una aprehensión fiable de que el sonido es producido y b) que constituye una causa para la inferencia que comprende de modo probado que el sonido es transitorio porque es producido en dependencia de causas y condiciones". Por medio de esta comprensión es cómo se establece la aplicabilidad de la razón al sujeto.

La segunda comprensión de la función de la razón es -siempre según nuestro ejemplo- la que comprende que todo lo que es producido es transitorio. Se define como "Una percepción en el continuo mental de un interlocutor perfecto, la cual es a) una aprehensión fiable del hecho de que todo lo que es producido es, necesariamente, transitorio y b) constituye la causa de la inferencia que comprende de manera probada que el sonido es transitorio porque es producido en dependencia de causas y condiciones". Esta comprensión es necesaria para establecer la congruencia de la razón con el predicado.

Estas dos percepciones que comprenden la función de la razón pueden ser, bien sea, percepciones conceptuales probadas o que establecen, o percepciones no conceptuales probadas –es decir, percepciones directas válidas, percepciones inferenciales válidas o percepciones subsiguientes inducidas por cualquiera de ellas–. De este modo, una percepción que comprende la función de la razón es una percepción probada, fundamentada, sea en la experiencia directa o en otro razonamiento del pensamiento discursivo. De aquí que, en ciertos casos, la comprensión inferencial probada de una cosa (según nuestro ejemplo, puede tratarse o bien del hecho de que el sonido es producido, o de que todo lo que es producido es, necesariamente, transitorio) puede actuar como una percepción que comprende la función de la razón, y esta comprensión producir una percepción inferencial probada de otra cosa (siempre según el ejemplo de que el sonido es transitorio).

En la definición mencionamos que una *comprensión que establece la razón* es una percepción establecida en la mente de un interlocutor perfecto. *Interlocutor perfecto* apropiado para la demostración es una persona en cuya mente aún no se ha establecido la prueba. Alguien que ya comprende que el sonido es transitorio ya no sería, por tanto, un interlocutor perfecto para nuestra demostración.

Tres tipos de inferencias válidas

Hemos visto que lo que se consideran percepciones válidas inferenciales son percepciones conceptuales establecidas e iniciales que surgen en dependencia de una razón que es aplicable al sujeto y congruente con el predicado (la propiedad que hay que establecer) y deben entenderse como inferencias válidas por esta misma razón. Una percepción inferencial válida se genera en dependencia de uno de los tres tipos de razón: una *razón por la fuerza de las cosas,* una *razón de conveniencia habitual* o una *razón por medio de la confianza.*

Una razón por la fuerza de las cosas es la que establece un hecho sobre el sujeto por la fuerza directa de una señal lógica que posee el sujeto. Una razón de conveniencia corriente o convencional, además de ser una razón directa, establece un hecho sobre el sujeto que solo es cierto por la fuerza de la convención popular. Una razón por medio de la confianza o la creencia no es una razón directa, sino la que establece la validez de una cita de las escrituras en base a la creencia propia en la infalibilidad de la persona que la pronunció. Por lo tanto, las percepciones inferenciales establecidas o probadas que ocurren en dependencia de los tres tipos de razón se denominan, respectivamente, una *percepción inferencial establecida por la fuerza de las cosas,* una *percepción inferencial convencional establecida* y una *percepción inferencial establecida por* la *creencia.*

Inferencia por la fuerza de las cosas[29]

Un ejemplo de inferencia directa o por la fuerza de las cosas es la comprensión inferencial probada de que el sonido es transitorio porque es producido. Ser producido es una razón por la fuerza de las cosas para demostrar que el sonido es transitorio. Por tanto, la percepción inferencial que comprende que el sonido es transitorio se denomina una *percepción inferencial probada por la fuerza de las cosas.* La mayoría de las percepciones inferenciales que comprenden objetos escondidos[30], como la existencia de las vidas pasadas y futuras, la liberación, la omnisciencia, la ausencia de existencia esencial, etc., son también percepciones inferenciales demostradas por la fuerza de las cosas.

Inferencia convencional corriente

Un ejemplo de inferencia convencional corriente es la comprensión de que el término *el que tiene el conejo* es adecuado para denominar a la luna, por la razón de que es un objeto de la concepción. La expresión *el que tiene el conejo* es un término común que se usa en la India y el Tíbet para referirse a la luna puesto que, desde esos países, se delinea la forma de un conejo en la superficie de la luna. Esta metáfora es una inferencia probada convencional porque lo que establece únicamente es cierto porque un grupo de personas están de acuerdo sobre esta convención particular.

Inferencia por confianza

Un ejemplo de inferencia por confianza es la comprensión de que la cita de Nagaryuna "La riqueza surge de la generosidad y la felicidad de la disciplina moral[31]" es infalible porque es una afirmación certificada por la triple investigación. Lo que indica esta afirmación es infalible o verdadero, y la razón es que se trata de una cita de las escrituras, validada por tres formas de investigación: la afirmación

29 Para simplificarlo, hemos denominado *inferencia* o *percepción inferencial* a toda percepción inferencial probada o establecida.

30 Ver previamente las explicaciones relativas a los *objetos evidentes, ligeramente escondidos* y *muy escondidos.*

31 Nagaryuna, *La Preciosa Guirnalda,* verso 438

particular no está en contradicción ni con las percepciones directas válidas, ni con las percepciones válidas inferenciales por la fuerza de las cosas ni por las inferencias por creencia.

Si una cita que establece un fenómeno escondido de nuestras facultades sensoriales y de la razón por la fuerza de las cosas puede sostener un examen crítico basándose en estas facultades y se descubre que no las contradice, ha sido certificada por la investigación triple. Cualquier inferencia que comprende que el significado de esa cita es veraz debido a esta razón es una *inferencia por creencia.*

El recurso necesario para la inferencia

Las inferencias válidas tienen una importancia primordial porque nos permiten comprender aquellos fenómenos que están escondidos de nuestras percepciones no conceptuales. Tanto en lo que respecta a la investigación científica como si te interesa el sendero del Dharma, la comprensión inicial de muchas cosas se obtiene mediante una investigación analítica basada en un razonamiento perfecto. Esta comprensión inferencial, la llamemos o no *inferencia por la fuerza de las cosas* o *inferencia por creencia*, es un estado mental válido, capaz de clarificar nuestra concepción de la realidad y dirigirnos a estados más elevados de comprensión.

Si pensamos un poco nos daremos cuenta de que lo que no comprendemos es mucho más que lo que comprendemos. No obstante, muchos asumen que lo que comprenden es lo que existe y que lo que no comprenden no existe. En consecuencia, concluyen que cosas que existen *son inexistentes*, cuando, en realidad, su existencia está tan solo escondida de sus percepciones directas. Por culpa de esta actitud confusa hacia lo que no es evidente perceptualmente, los pensamientos y acciones personales se ven influenciados por este error y siguen una forma de vida perniciosa que desemboca en dolor y descontento, para uno y para los demás. Es esencial, pues, llegar a una clara comprensión de aquellos aspectos de la realidad que, en el presente, están escondidos de nosotros para poder conducir nuestra vida de una forma sana y significativa. El único medio para obtener dicha comprensión es haciendo una investigación conceptual —fundada en nuestras experiencias y las ajenas—que dirija a una comprensión inferencial válida. Puesto que dicha percepción no está disponible, en el presente, para nuestras facultades perceptuales, hemos de reconocer la importancia de la inferencia.

LAS PERCEPCIONES VÁLIDAS QUE AUTOESTABLECEN Y LAS QUE NO AUTOESTABLECEN

Tras analizar la constitución de una percepción válida, haremos una distinción adicional en esta clase de percepciones diferenciando las que entrañan ellas mismas una certidumbre (percepciones válidas *autoestablecedoras*) y las que entrañan una certidumbre en virtud del poder de otras (percepciones válidas *no autoestablecedora*).

Para que una percepción válida sea autoestablecedora, además de tener las características de una percepción válida, debe ser capaz, por su propia fuerza, de dirigir a una certidumbre que no ocurriría si el componente esencial de lo que comprende no estuviese en su campo objetivo. En otras palabras, es una percepción válida que comprende claramente cuál es la *naturaleza aprehendida* de su campo objetivo de referencia. Por ejemplo, cuando vemos una figura familiar, como nuestro padre o madre, reconocemos de inmediato el componente esencial de lo que vemos. Por lo tanto, somos capaces de inducir, por la fuerza de nuestra percepción visual, la certidumbre de que, si el componente esencial no estuviese en el campo objetivo de referencia, dicha percepción visual no podría ocurrir de ningún modo. Este tipo de mente válida es *autoestablecedor* puesto que, por su propia fuerza, podemos asegurar con certidumbre qué ocurriría o no ocurriría en el caso de que el componente esencial se sacara del campo de referencia del objeto.

Una *percepción válida no autoestablecedora* es aquella incapaz de dirigir a esta certidumbre por su propia fuerza. Por el contrario, tiene que apoyarse en alguna comprensión adicional para saber cuál es el componente esencial del campo de referencia del objeto. Imaginemos que estamos conduciendo el coche y oímos un sonido extraño que viene del motor. Comprendemos que hay un sonido raro, pero no sabemos que es el sonido de un pistón suelto. Aquí, la percepción auditiva es una cognición válida del sonido raro, pero al ser incapaz de dirigir a la certidumbre de que eso no ocurriría si el componente esencial —el sonido de un pistón suelto— se sacase del campo de referencia del objeto, es una mente válida no *autoestablecedora*. Para obtener dicha certidumbre sería necesario apoyarse en una investigación y comprensión adicional –bien sea la propia o la del mecánico– para descubrir la naturaleza aprehendida en el objeto.

La definición de una percepción válida no autoestablecedora es: "Una percepción válida que necesita depender de otra cognición para dirigir a una certidumbre que no ocurriría si la naturaleza de lo que se aprehende no estuviera en su objeto".

Las percepciones válidas que autoestablecen

Hay cinco tipos de *percepciones válidas autoestablecedoras*, y todos ellos se ajustan a las características definitorias señaladas antes.

Percepciones directas válidas sensoriales a las que aparece el ejercicio de una función

Un ejemplo de dicha percepción sensorial es la aprehensión sensorial de que el fuego tiene la función de quemar madera. Cuando observamos que el fuego consume la madera, la función del fuego es claramente percibida y, por este hecho, la naturaleza aprehendida sobre el objeto es identificable, la naturaleza aprehendida aquí es la función efectiva de quemar madera.

Percepciones directas válidas sensoriales de un objeto familiar

Debido a la familiaridad con un objeto, de manera rápida y fácil surge la certidumbre de lo que es. Por ejemplo, la percepción sensorial de un niño del aspecto de su padre.

Percepciones directas válidas autoconscientes, percepciones directas válidas yóguicas e inferencias válidas

La naturaleza de estas tres ya se ha explicado antes. No obstante, deberíamos entender también que son estados mentales exclusivamente autoestablecedores. Por ello, una percepción válida autoestablecedora es aquella en la que el objeto que se comprende es el mismo que el componente esencial de lo que es aprehendido. Puesto que comprende claramente este componente esencial, entiende qué objeto es responsable para su ocurrencia y, en consecuencia, es capaz de tener la certidumbre de que, sin su presencia, no habría ocurrido.

Las percepciones válidas que no autoestablecen

Cuando se clasifican según su sentido etimológico hay seis tipos de percepciones válidas no autoestablecedoras. Además, *las clasificaciones que descansan en el sentido etimológico* son efectuadas principalmente desde el punto de vista de la terminología, de manera que ciertos elementos, puesto que presentan una cierta similitud, pueden encontrarse incluidos en una categoría dada sin que les corresponda.

Percepciones válidas autoestablecedoras en cuanto a lo que aparece, pero que no lo establece con respecto a la realidad

Un ejemplo sería la percepción directa sensorial que aprehende algo de aspecto rojizo desde la distancia sin tener la certidumbre de si se trata o no del color del fuego, cuando de hecho lo es. En este caso hay una percepción válida autoestablecedora que establece lo que aparece, que es el color rojo, pero la percepción no es autoestablecedora con respecto a la verdadera naturaleza del objeto, el color rojizo del fuego. Así, esta percepción falla en percibir de modo probado lo que es el componente esencial de su objeto, por lo tanto, es incapaz por su propia fuerza de dirigir a la certidumbre de que, si no hubiese el color del fuego presente en el objeto, esa percepción no habría surgido. Para que esta certidumbre se genere es necesario confiar, bien sea en otras personas o en otras cogniciones válidas propias que comprendan que el componente esencial del objeto es el color de un fuego.

Percepciones válidas autoestablecedoras en cuanto al carácter genérico del objeto, pero que no establecen por sí mismas su carácter específico.

Un ejemplo es la percepción sensorial directa que aprehende un árbol pero que no estás seguro de si es un árbol de sándalo o no, cuando de hecho lo es. Aquí se comprende claramente el carácter universal del objeto -el hecho de ser un árbol-. Se trata de una percepción válida autoestablecedora en cuanto al carácter genérico del objeto, pero el carácter particular de ser un árbol de sándalo no se comprende. En este caso, la naturaleza aprehendida en el objeto, el sándalo, no se percibe. En consecuencia, esta percepción es considerada una percepción válida no autoestablecedora en cuanto al carácter específico del objeto.

Con este ejemplo y el previo debería quedar claro que, para una percepción que no autoestablece (que entraña la certidumbre en virtud del poder de otra), la naturaleza aprehendida en el objeto y el objeto de la percepción establecida son diferentes, pero que son idénticos en el caso de una percepción válida autoestablecedora.

Percepciones válidas no autoestablecedoras a pesar de la aparición del objeto

Un ejemplo es la percepción directa sensorial de un trozo de color azul que dirige hacia la duda de si uno ha visto o no el trozo de color azul. En este caso, en realidad, uno ha percibido un trozo de color azul, pero la percepción misma carecía de fuerza para conducir hacia la certidumbre sobre este hecho. Pero, aunque uno debería necesariamente apoyarse en otras percepciones u otras personas para obtener dicha certidumbre, puesto que la percepción original no era una percepción válida, sino inatenta, este ejemplo no se puede considerar una auténtica mente válida no autoestablecedora, aunque se denomine así.

Percepciones directas iniciales.

Un ejemplo es la percepción directa sensorial del color rojo de una rosa en la consciencia de alguien que nunca ha visto una rosa. Esto es una percepción inicial directa, ya que es la primera vez que ha ocurrido en la persona. Es una percepción válida no autoestablecedora puesto que la naturaleza aprehendida en el objeto —el color rojo de una rosa— no es percibido de modo establecido. Lo que la persona comprende, percibido de modo probado, es solo que el objeto es el color de una flor. En consecuencia, esta percepción es incapaz, por su propia fuerza, de dirigir a la certidumbre de que no habría surgido si el componente esencial de lo que es comprendido, el color de la rosa, no estuviera presente en el objeto, es decir, el color de la flor.

Percepciones directas no focalizadas

Un ejemplo es la percepción directa sensorial de un sonido en la mente de una persona cuando está fuertemente atraída por una forma visual hermosa. En este caso, puesto que la mente está plenamente implicada en la aprehensión de una forma visual, aunque se oigan sonidos, como el de la gente que habla, no se les presta atención. Este estado de percepción es, de hecho, una percepción inatenta, una mente no válida, y por ello no se puede realmente considerar una mente válida no autoestablecedora. Se incluye aquí sólo debido a ciertas semejanzas que tiene con las mentes válidas no autoestablecedoras que podrían llevarnos a considerarlas como tales.

Percepciones directas que son fuente de inexactitud.

Un ejemplo es una percepción directa sensorial que aprehende el color de un espejismo que da lugar al error de considerar que el espejismo es agua. Esto es un ejemplo de una percepción válida no autoestablecedora. En este caso, el objeto percibido es un color reluciente, pero la naturaleza aprehendida en el objeto es un espejismo y esto último no es percibido de modo probado. Por ello, en lugar de aportar la certidumbre de que la naturaleza del color reluciente es un espejismo, desemboca en el error de que el color reluciente es agua. En orden a comprender que el color reluciente es, en realidad, un espejismo y no agua, uno debe apoyarse en otras personas o en cogniciones adicionales. De ahí que esta percepción válida visual sea considerada una percepción válida no autoestablecedora.

CATEGORIZACIÓN DE LOS EXISTENTES VÁLIDOS BASADOS EN EL SENTIDO ETIMOLÓGICO

Además de englobar a todos los estados válidos de cognición, el término *válido* (*pramana*) también se usa para denominar a las personas válidas y las formas válidas de palabra. Una *persona válida* es una que no engaña a aquellos que se esfuerzan para llegar a la liberación del samsara. Un ejemplo sería Buda Sakyamuni. Un buda es considerado infalible y no engañoso porque delinea con precisión para sus discípulos los medios por los cuales se puede conseguir la liberación y la Iluminación.

La infalibilidad de Buda es demostrada, clara y extensamente, en el segundo capítulo del *Comentario a la percepción válida*, del maestro indio Dharmakirti, en la sección que trata sobre el modo en que alguien puede llegar a convertirse en un buda se explica su infalibilidad principalmente a través de una presentación del mahayana, mientras que en la sección que trata sobre su venida al mundo y esparcimiento de las enseñanzas se explica principalmente según la presentación del vehículo pequeño (skt. *hinayana*). Por estas razones, el segundo capítulo del *Comentario a la percepción válida* es considerado el núcleo de todo el trabajo, puesto que trata este punto más esencial.

Del mismo modo, la *palabra válida* es aquella en la que el significado comunicado carece de error y es de beneficio para aquellos que se esfuerzan para encontrar la libertad del samsara. Cuando Buda Sakyamuni daba sus discursos sobre las *Cuatro nobles verdades*, por ejemplo, constituía un *discurso válido* porque instruía a la gente en lo que tiene que ser rechazado, las verdades del sufrimiento y su origen, y en lo que tiene que ser aceptado, la verdad de la cesación del sufrimiento y la verdad del sendero que dirige a dicha cesación.

Por ello, el término *válido* (*pramana*) es aplicable a tres cosas: percepciones válidas como las que se han explicado antes; personas válidas, como Buda, y palabra válida, el discurso de una persona *fiable*. Por lo tanto, no denota exclusivamente estados mentales.

4 Las percepciones no válidas

4 Las percepciones no válidas

En este capítulo examinaremos diversos estados mentales que no se consideran conocimientos válidos. Una *percepción no válida* se define como "una percepción no inicial ni infalible". Se pueden clasificar cinco tipos distintos, a saber: percepciones subsiguientes, creencias precarias precisas, percepciones inatentas, indecisión o duda y percepciones falsas.

LAS PERCEPCIONES SUBSIGUIENTES

La característica definitoria de una cognición subsiguiente o consecutiva es que se trata de "una percepción establecida de un objeto que ya ha sido comprendido" (es decir, percibida de manera probada). Esto significa que es una cognición que sólo percibe su objeto establecido a través de la fuerza de una percepción válida previa de ese mismo objeto. Por ello, una percepción subsiguiente viene siempre inducida por una percepción válida, mientras que una percepción válida percibe o comprende el objeto mediante su propia fuerza, sin necesidad de ser inducida por una cognición válida previa. Es por esta razón que una percepción válida se refiere siempre al acto mental fresco, inicial, en una serie de cogniciones, mientras que los momentos de comprensión probada que siguen serían cogniciones subsiguientes. Este proceso es, en cierto modo, similar a un coche en buen funcionamiento que remolca a un coche averiado. Los dos coches circulan por la misma carretera, en la misma dirección y con sus propias ruedas, pero sólo el coche de delante tiene poder y fuerza conductora. Del mismo modo, una cognición válida y subsiguiente en la misma corriente mental tienen el mismo objeto y lo comprenden del mismo modo, pero solo la percepción válida comprende el objeto a través de su propio poder. La percepción subsiguiente es meramente inducida o producida por esta misma fuerza.

Hay dos tipos de percepciones subsiguientes: las percepciones subsiguientes no conceptuales y las percepciones subsiguientes conceptuales.

Las percepciones subsiguientes no conceptuales

Todas las percepciones subsiguientes no conceptuales son percepciones directas inducidas por percepciones válidas directas. Por lo tanto, hay cuatro clases que se corresponden con los cuatro tipos de percepción válida que se explicaron en el capítulo previo: las percepciones sensoriales subsiguientes, las percepciones mentales subsiguientes, las percepciones autoconscientes subsiguientes y las percepciones yóguicas subsiguientes.

Las percepciones subsiguientes directas sensoriales, por ejemplo, son el segundo instante de percepción y los siguientes que siguen a una percepción válida inicial sensorial. Lo mismo se puede aplicar en el caso de las percepciones mentales, las percepciones autoconscientes y las yóguicas.

Aunque en general es cierto que el segundo y los siguientes actos de percepción inducidos por una percepción válida directas son percepciones subsiguientes, hay una sola excepción a esta regla. Se trata de la mente omnisciente de un buda, que es siempre un estado válido de percepción directa porque la mente omnisciente comprende todo lo que existe de modo fresco y directo. Así, todos los instantes en la percepción de un buda, sean los actos iniciales de percepción o los siguientes, son siempre válidos y nunca subsiguientes. Y es así porque, aunque un segundo momento de percepción omnisciente pueda seguir a uno inicial, nunca es inducido por la fuerza del instante inicial. Sin tener que depender de una percepción inicial precedente, cada momento de percepción en una mente omnisciente comprende de manera incontrovertible el objeto por su propia fuerza. Si este no fuese el caso, significaría que una mente omnisciente aún tendría defectos y no habría obtenido un estado perfecto de capacidad cognitiva. Pero, puesto que una mente omnisciente está libre de todas las imperfecciones y ha logrado esa condición óptima de capacidad cognitiva, cada momento individual en su continuo tiene las características de una percepción válida directa.

Las percepciones subsiguientes conceptuales

La percepción subsiguiente conceptual de un objeto puede ser inducida de dos maneras diferentes: por medio de una percepción válida directa y por medio de una percepción válida inferencial. Una percepción subsiguiente conceptual inducida por una percepción válida es el conocimiento o el recuerdo firme de un objeto inicialmente percibido por uno de los cuatro tipos de percepciones directas válidas. Por ejemplo, podemos estar mirando una pintura, y al día siguiente recordar claramente el objeto y describir con precisión sus detalles. Aquí podemos ver, pues, cómo ha surgido una concepción subsiguiente de una pintura por medio de una percepción visual válida de ella.

Una percepción subsiguiente conceptual inducida por una percepción válida inferencial es la comprensión conceptual de algo que inicialmente ha sido comprendido gracias a una percepción inferencial válida. Por ejemplo, podemos inferir, mediante una razón perfecta, que el sonido es transitorio. Aunque la comprensión (o percepción probada) inicial es una mente inferencial válida, todos los momentos siguientes de cognición que conciben que el sonido es transitorio son concepciones subsiguientes inducidas por la fuerza de la inferencia inicial.

También debería señalarse que las diversas escuelas filosóficas budistas mantienen puntos de vista diferentes en lo relativo a las percepciones válidas y subsiguientes. Por ejemplo, los prasangika madhyamika afirman que todas las cogniciones subsiguientes son válidas.

LAS CREENCIAS PRECARIAS PRECISAS

Una creencia precaria precisa se define como "una percepción conceptual que, a pesar de que concuerda con la realidad, es falible (no fiable)". Es una cognición falible puesto que es incapaz de inducir certidumbre alguna, o de eliminar interpretaciones erróneas sobre su objeto. Sin embargo, es una percepción conceptual o representativa conforme a la realidad porque su objeto principal existe. Es, pues, una percepción conceptual falible que aprehende un objeto que existe y, en consecuencia, no es una cognición válida, ni subsiguiente, ni una percepción falsa o errónea. Aunque la creencia precaria precisa no sea una comprensión genuina de su objeto, es decir, una percepción probada o establecida, no obstante, *comprende* o tiene una percepción de su objeto meramente por medio de una imagen mental nominal o de una de experiencial o empírica.

Imagina que alguien te dice que las vidas pasadas y futuras existen. Puesto que tienes fe en la persona, puedes posteriormente creer que debe de ser así. Esto sería un ejemplo de la creencia precaria que comprende el objeto simplemente por medio de una imagen nominal. La afirmación pronunciada es cierta, pero la comprensión que uno tiene de la entidad escondida a la que se refiere carece de la base de un razonamiento perfecto o de una experiencia directa. Por esto, dicha comprensión queda restringida a los reinos de la creencia precaria precisa. Esta creencia se basa en una imagen nominal porque la concepción del objeto estaba cimentada únicamente en una denominación o etiqueta y la descripción.

De modo similar, la creencia precaria precisa puede surgir independientemente de la etiquetación y de las descripciones ajenas, y hacerlo en base a la propia experiencia. En dichos casos sería una creencia precaria por medio de una imagen experiencial. Por ejemplo, podemos creer que los actos negativos son causa de malestar sin que esta creencia sea fruto del estudio ni de una profunda reflexión apoyada en razonamientos perfectos. En consecuencia, la creencia precaria no es una comprensión genuina o probada como es el caso de una percepción válida, pero en la medida en que aprehende un objeto existente, se dice que lo *comprende*. Es importante ser consciente de esta distinción.

Las creencias precarias precisas son importantes porque nos proporcionan una base firme sobre la que establecer una razón perfecta de lo que creemos para que, ulteriormente, se produzca una comprensión inferencial al respecto. Ellas son las *causas sustanciales* de la inferencia, mientras que las cogniciones que establecen la aplicabilidad de la razón al sujeto y su congruencia con el predicado son, meramente, las *condiciones secundarias*. En el presente, para muchos de nosotros, la naturaleza de nuestra fe en la existencia de las vidas pasadas y futuras, la liberación, la omnisciencia y la vacuidad no son más que creencias precarias. Por tanto, aunque sea una cognición *fa-*

lible, aun así es un estado mental beneficioso y positivo que debería desarrollarse.

Hay cinco formas de creencia correcta según los cinco modos posibles en que se puede formular. La primera de las cinco no está basada en razonamiento alguno, mientras que las cuatro restantes están basadas en diversos tipos de razonamiento incorrectos, así como en razonamientos correctos que uno no entiende bien.

Las creencias precarias precisas sin razonamiento alguno

Esta es cualquier creencia precaria basada tan solo en la propuesta no cualificada pronunciada por otra persona. Si alguien te dice "El sonido es transitorio" y aceptas la afirmación literalmente, esto sería una creencia precaria justa sin razonamiento alguno.

Las creencias precarias basadas en un razonamiento contradictorio

Esto sería creer que el sonido es transitorio porque es un fenómeno no producido o ineficiente (los fenómenos ineficientes son fenómenos no producidos). Esta razón es totalmente contradictoria. Por un lado, el sonido no es un fenómeno no producido y, por el otro, ser no producido y ser transitorio son propiedades mutuamente excluyentes[32]. Un fenómeno no producido es incapaz de producir resultado alguno, en consecuencia, es idéntico a un fenómeno estático. Por lo tanto, de ninguna de las maneras se puede usar como indicación para demostrar que algo es transitorio. En este ejemplo no se puede establecer ni la aplicabilidad de la razón al sujeto ni su congruencia con el predicado.

Las creencias precarias precisas basadas en una razón no concluyente

Un ejemplo sería creer que el sonido es transitorio porque es un fenómeno existente. Es un caso de *creencia precaria justa basada en una razón no concluyente*. Aunque esta razón sea aplicable al sujeto (pues el sonido es un fenómeno existente), aun así, no es concluyente, porque ser un fenómeno existente no es un criterio suficiente para

32 Recordemos que fenómenos mutuamente excluyentes son fenómenos diferentes que no pueden existir sobre una base común: en ese sentido no existe ningún fenómeno que pueda ser, a la vez, uno y el otro

afirmar que algo es transitorio. Por lo tanto, la congruencia necesaria entre la razón y el predicado no se puede establecer.

Las creencias precarias precisas basadas en una razón no fundamentada
En este contexto, una razón *no fundamentada* es una razón sin relación con el sujeto. Por ejemplo, creer que el sonido es transitorio porque es un objeto de la percepción directa visual. Aquí la razón implica, necesariamente, la propiedad que hay que establecer, porque todo objeto de una percepción directa visual es, necesariamente, transitorio. Pero la razón enunciada no está fundamentada al carecer de relación con el sujeto a la que se aplica: el sonido no puede ser el objeto de una percepción visual.

Las creencias precarias precisas basadas en una razón perfecta pero que no ha sido establecida
Un ejemplo es creer que el sonido es transitorio porque es un fenómeno creado o producido, y que esta creencia surja en alguien que aún no ha establecido ni la aplicabilidad al sujeto —que el sonido es creado— ni la congruencia con el predicado —que todo fenómeno creado es, necesariamente, transitorio—. En este caso, la razón misma es correcta y válida, pero puesto que la persona aún no la ha entendido, su comprensión de que el sonido es transitorio solo es una creencia precaria y no una comprensión inferencial válida.

LAS PERCEPCIONES INATENTAS

Una percepción *inatenta* (literalmente, "una percepción incierta a pesar de que el objeto ha aparecido") es una percepción directa que no percibe bien su objeto al no prestarle suficiente atención. Se define como "Una percepción ante la que aparece claramente el fenómeno concreto, que es su objeto principal, pero que es incapaz de inducir un reconocimiento de él". Por ejemplo, podemos estar absortos en un objeto visual hermoso y, aunque alguien nos esté hablando, somos incapaces de oír lo que nos está diciendo. En ese momento, la mente consagra el peso de toda su atención a la forma visual, y por ello falla en oír lo que se está diciendo. La percepción auditiva en ese momento es, por lo tanto, inatenta. El objeto —el sonido de alguien que habla— aparece claramente, sin la mezcla con una imagen mental, pero, posteriormente, no se puede inducir certidumbre alguna de haber oído la palabra o su contenido. Por lo tanto, falla en comprender el objeto con claridad no porque lo aprehenda erróneamente, sino porque no le ha prestado suficiente atención. Cualquier percepción directa que sólo puede hacer surgir incertidumbre y dudas sobre lo que inicialmente se percibió es, por lo tanto, una percepción inatenta.

Todas las percepciones mentales directas de los objetos sensoriales en las mentes de seres ordinarios son percepciones inatentas. Estas ocurren justo después de una percepción sensorial de un objeto de los sentidos particular e inmediatamente antes de la respuesta conceptual. Aunque son percepciones directas, su duración es tan corta —las sesenta y cinco partes de un chasquido de dedos[33]— que son incapaces de inducir cualquier recuerdo o establecimiento del objeto y, en consecuencia, se clasifican como percepciones inatentas. Del mismo modo, las percepciones autoconscientes que experimentan dichas percepciones mentales son también inatentas.

Asimismo, para un ser ordinario, estos minúsculos instantes, que no duran más de las sesenta y cinco fracciones de un chasquido de dedos y que constituyen la corriente de cognición, son considerados percepciones inatentas. Las percepciones válidas y los otros seis tipos de mente son actos completos de cognición que requieren para su duración un número diverso de estos diminutos momentos en dependencia de la agudeza de las facultades del percibidor individual. Personas con sentidos afilados y mentes inteligentes pueden entender un objeto más deprisa que otros. Para ellos, el número de estos diminutos instantes de cognición necesarios para formar un acto cognitivo son, en consecuencia, menores que para las personas con facultades agudas inferiores. Cada uno de estos minúsculos instantes aislados, no obstante, es incapaz de entender plenamente el objeto en un acto de cognición y, así, aunque observa claramente

---

33 Esta fracción de tiempo es la referencia india que se usa tradicionalmente para indicar un instante muy breve o fugaz.

el objeto, es incapaz de inducir ningún reconocimiento de él. Por lo tanto, son percepciones inatentas. En el caso de un arya, y debido a su elevada capacidad mental, cada diminuto instante individual de percepción probada es un acto de comprensión pleno.

Algunas percepciones autoconscientes pueden volverse inatentas debido a una confusión sobre la naturaleza de un estado particular de mente. Por ejemplo, los seguidores de la escuela no budista samkhya creen que las sensaciones agradables son de naturaleza física y, por lo tanto, por culpa de este error, aunque la naturaleza mental del placer aparece a la cognición autoconocedora que la experimenta, no puede inducirse ningún reconocimiento claro o comprensión establecida de este hecho.

De modo similar, los seguidores de la escuela charvaka mantienen que no existen las percepciones inferenciales válidas. Para ellos solo existen las percepciones directas válidas. Sin embargo, la naturaleza válida de una inferencia en la mente de un seguidor charvaka es experimentada por su percibidor autoconsciente acompañante, pero debido al error que comete relativo a la naturaleza de la inferencia, esta no se puede reconocer como tal. Aunque la inferencia válida sea considerada inexistente por los partidarios de este sistema, existe en sus mentes siempre que de modo nuevo o inicial comprenden algo en dependencia directa de una razón perfecta.

Así pues, de los cuatro tipos de percepciones directas, las percepciones directas sensoriales, las mentales y las autoconscientes en ocasiones pueden ser percepciones inatentas, pero dado que las percepciones yóguicas siempre reconocen con certidumbre cualquier objeto que aparece ante ellas nunca pueden ser inatentas.

LA DUDA, INDECISIÓN

La duda es definida como "Un factor mental que, por su propia fuerza, oscila entre dos alternativas en lo que respecta a su objeto". Aunque las mentes principales y otros factores mentales asociados con la indecisión también oscilan por su culpa, no se consideran estados de duda en sí. Aquí sólo se analiza el factor mental de la duda que, por su propia naturaleza, tiene la función de la indecisión. Por ello, para eliminar la posibilidad de que una mente principal asociada con la indecisión se cuente como tal, la definición estima que la indecisión es un factor mental. Además, para descartar también que los otros factores mentales asociados con ella se consideren duda, la definición señala que la duda oscila *por su propia fuerza* entre dos alternativas. Hay tres modos en que la duda puede oscilar: hacia una conclusión correcta, hacia una conclusión incorrecta o de un modo equilibrado entre una y otra conclusión.

La duda que tiende hacia una conclusión correcta

Es un estado mental que, a pesar de tener dos direcciones y estar indeciso entre dos posibilidades, tiende hacia una conclusión correcta en lugar de caer en la incorrecta. Cuando esta disposición se refuerza con reflexiones e investigaciones realistas más extensas, podrá desprenderse de su carácter indeciso y convertirse en percepción precaria justa. Un ejemplo de esa duda sería el pensamiento: "Es posible que el sonido sea estático, pero, probablemente sea transitorio".

La duda que tiende hacia una conclusión incorrecta

Esta forma de indecisión tiende hacia la dirección opuesta a la anterior, es decir, se aparta de la creencia precaria justa y se dirige hacia una concepción errónea. Un ejemplo sería el pensamiento: "Quizás el sonido sea transitorio, pero casi seguro que es estático".

La duda equilibrada

Aquí la mente oscila, pero no tiene preferencia por ninguna alternativa. Por ello es genuinamente indecisa. Un ejemplo sería el pensamiento: "Puede que el sonido sea transitorio, pero también puede que sea estático".

En general consideramos la duda como un obstáculo para cualquier comprensión o reconocimiento firme de un objeto escondido. Sin embargo, en muchos casos, la indecisión actúa como punto de partida para viajar desde las concepciones erróneas falsas y no fundamentadas hasta las creencias fundamentadas y percepciones inferenciales válidas. Quizás estemos aferrados al punto de vista de que las vidas pasadas y futuras no existen y, de este modo, mantengamos una concepción errónea sobre este punto. No obstante, si reflexionamos al respecto y consideramos ciertas líneas de pensamiento, nuestra convicción unilateral puede empezar a oscilar hasta terminar pensando: "Quizás no existen, pero quizás sí". Después, la duda que *tiende hacia una conclusión falsa* puede, del mismo modo, empezar a equilibrarse hacia un estado de indecisión y subsiguientemente empezar a tender hacia la conclusión correcta de que, probablemente, existan. Por medio de la reflexión adicional y la investigación, la duda puede cesar por completo y desarrollarse un estado firme de creencia precaria correcta. En base a dicha creencia estaremos en una buena posición para comprender la existencia de las vidas pasadas y futuras en dependencia de una razón perfecta, llegando así a una inferencia válida, capaz de inducir concepciones subsiguientes adicionales.

Aunque nuestra duda inicial que tendía hacia la conclusión incorrecta no era virtuosa, tan pronto como empezó a tender hacia el lado de la verdad se convirtió en virtuosa y positiva y pudo dirigir a la secuencia siguiente de percepciones conformes a la realidad. Para ilustrar más este aspecto positivo de la duda, Aryadeva, en su trabajo *Los Cuatrocientos*, afirma:

> Incluso cuando alguien de poco mérito está
> meramente indeciso sobre si los fenómenos son
> vacíos (de existencia inherente) o no,
> dicha duda ya minará la existencia condicionada.

El sentido de esta cita significa: imagina que llegamos a esta duda que tiende hacia la conclusión correcta de que los fenómenos están vacíos de existencia inherente. Esta indecisión misma tendrá la fuerza de reducir la ignorancia, las aflicciones y las acciones impuras que son las causas del samsara. Por lo tanto, deberíamos entender que dudas como estas son positivas, mientras que la duda que tiende hacia aquellas creencias que refuerzan las concepciones erróneas que nos atan al samsara es negativa. Ciertos estados de indecisión, no obstante -como el pensamiento "¿Es aquel punto negro en la distancia un hombre?" - no son ni virtuosos ni negativos, sino fenómenos inespecíficos.

LAS PERCEPCIONES ERRÓNEAS, FALSAS

Una percepción falsa o errónea se define como "Una percepción que aprehende su objeto de una manera totalmente errónea". Es un tipo de percepción inexacta con respecto al objeto principal que aprehende -conceptualmente o no- de modo que no concuerda con lo que es. Así, puede ser de dos tipos: percepciones falsas no conceptuales y percepciones falsas conceptuales.

Las percepciones falsas no conceptuales

Las percepciones inexactas no conceptuales son percepciones falsas[34]. Se definen como "Percepciones no conceptuales que aprehenden su objeto de una manera completamente errónea". Cualquier percepción no conceptual que observa un objeto inexistente, como por ejemplo ver una montaña nevada de color azul o una concha amarilla, es una percepción no conceptual errónea o falsa. Hay dos tipos de percepciones falsas no conceptuales: percepciones falsas no conceptuales sensoriales y percepciones falsas no conceptuales mentales.

Las percepciones falsas no conceptuales sensoriales

Dependiendo de dónde se halle el origen del error podemos distinguir cuatro tipos de *percepciones falsas no conceptuales sensoriales.*

i *Percepciones falsas no conceptuales sensoriales en las que el origen del engaño existe en el objeto*

Por ejemplo, cuando hacemos girar rápidamente una barrita de incienso en una habitación oscura y vemos un círculo de fuego. En realidad, dicho círculo no existe, aunque la percepción de él ha surgido a causa de que el objeto se mueve de un modo particular.

---

34 Recordemos que, en el caso de las percepciones no conceptuales, las percepciones inexactas son, necesariamente, percepciones falsas.

ii Percepciones falsas no conceptuales sensoriales en las que el origen del engaño existe en la base de la percepción, el órgano sensorial

Cuando padecemos de ictericia, el poder sensorial se ve afectado por el incremento de la bilis, y esto causa que todo lo que veamos adopte un tinte amarillento. De modo similar, si padecemos de cataratas, podemos ver caer pelos delante de nuestros ojos. Dichas distorsiones sensoriales son causadas por un defecto en la condición dominante de la percepción sensorial particular.

iii Percepciones falsas no conceptuales sensoriales en la que el origen del engaño existe en la situación.

Estas percepciones ocurren cuando nos encontramos en una situación particular como, por ejemplo, estar en un vehículo que se mueve. Cuando viajamos en tren, a menudo parece que el paisaje se mueve deprisa delante de nosotros, o que nuestro tren se mueve, cuando en realidad es el tren del andén de al lado el que empieza a moverse. En estos casos el engaño no lo causa ni el objeto ni el poder sensorial, sino la yuxtaposición de ciertas condiciones vinculadas a una situación particular.

iv Percepciones falsas no conceptuales sensoriales en las que el origen del engaño se encuentra en la condición inmediata

Este tipo de percepciones ocurren cuando la mente está alterada por ciertos pensamientos o emociones. Cuando alguien está muy enfadado todo lo que ve, en ocasiones, parece ser de color rojo. Esto es producido por el enfado que altera o molesta su mente hasta tal grado que las energías del cuerpo se ven también afectadas y empiezan a incrementar su fuerza. Esto, a su vez, estimula la circulación de la sangre, que causa un incremento de la presión en el cuello y hombros; acelera el ritmo respiratorio, etc. Finalmente, cuando el enfado es muy fuerte, la sangre violentamente se esparce por las venas en los ojos, y esto afecta la visión de manera que todo aparece teñido de rojo. A la inversa, cuando la mente se encuentra bajo la influencia del apego y el deseo, los objetos parecen especialmente atractivos y agradables cuando, en realidad, no lo son.

Por tanto, con el estudio de estos ejemplos, siempre que una percepción falsa no conceptual sensorial ocurra en nuestra mente deberíamos reconocer la fuente del error, el modo en que se está percibiendo el objeto, y cómo se puede eliminar. En estas ocasiones es muy beneficioso comprender que lo que aparece ante nosotros es irreal y no creíble.

Las percepciones falsas no conceptuales mentales

Un ejemplo de ello es la percepción de un amigo en un sueño. Todas las cogniciones que suceden en un sueño son percepciones mentales no conceptuales y además erróneas, porque aprehenden sus objetos como si realmente existieran. Cuando vemos a un amigo en un sueño no es más que una apariencia que ocurre por la fuerza de las impresiones mentales, pero no lo reconocemos, y en vez de ello aprehendemos el objeto como real, como una persona viva. También, aunque en un sueño parece como si las facultades sensoriales estuviesen funcionando, de hecho, no es así. Todo el proceso no es más que una mera percepción no conceptual exclusivamente mental.

Las percepciones falsas conceptuales

Cualquier percepción conceptual que aprehende su objeto de un modo erróneo es una percepción falsa, errónea. Es como las *percepciones conceptuales falsas que no están de acuerdo con la realidad* (el objeto que aprehenden es inexistente). Serían ejemplos de este tipo de percepción la percepción conceptual que concibe que el sonido es estático, la concepción de los cuernos en la cabeza de un conejo y la concepción de una persona con existencia propia, esencial, en el conjunto de cuerpo y mente.

	Percepción directa válida	Percepción Inferencial válida	Percepción sub siguiente	Percepción precria justa Correcta	Percepción inatenta	Indecisión	Percepción falsa
Percepción no conceptual	*		*		*		*
Percepción conceptual		*	*	*		*	*
Percepción sensorial	*		*		*		*
Percepción mental	*	*	*	*	*	*	*
Percepción auto-consciente	*		*		*		
Percepción hetero-consciente	*	*	*	*	*	*	*
Percepción válida	*	*					
Percepción no válida			*	*	*	*	*
Percepción probada(establecida)	*	*	*				

Percepción conforme a la realidad	*	*	*	*	*	*	
Percepción no conforme la realidad						*	*

En este diagrama cada asterisco indica que existe uno o más ejemplos de uno de los siete tipos de mente (percepción válida, etc.) que pertenecen a una de las categorías generales de percepción, concepción y demás.

5 Los objetos

5 Los objetos

En los capítulos anteriores hemos considerado la naturaleza de los sujetos y, en particular, de la mente. Ahora, analizaremos brevemente los diversos tipos de objetos que aprehenden los diferentes tipos de consciencias.

El término *objeto* aquí solo hace referencia a objetos existentes para la mente o consciencia. Aunque podamos hablar del cuerno de un conejo o de un sonido estático, como objetos de pensamientos particulares que los conciben, o de dos lunas como objeto de una percepción visual falsa, dichos fenómenos no son objetos en el sentido estricto de la palabra. Del mismo modo, cuando hablamos de la ignorancia que aprehende un yo o persona que existe de modo esencial o intrínseco, aunque esa persona con existencia propia o inherente, esencial, sea el objeto de esa consciencia ignorante, no es *realmente* un objeto puesto que es algo totalmente inexistente.

Por lo tanto, lo que damos a entender por objeto es algo cuya naturaleza se vuelve más y más clara al analizarlo, algo que puede ser conocido y comprendido de modo correcto por la mente. Deberíamos notar que los términos *objeto*, *existente*, *entidad cognoscible* y *fenómeno* son sinónimos. Los objetos se pueden clasificar de tres maneras diferentes. Una cuádruple clasificación en:

Objeto que aparece
Objeto principal
Objeto concebido
Objeto referente[35]

Hay una doble clasificación en objetos directos e indirectos (o implícitos). Y además otra triple clasificación en objetos evidentes, escondidos y muy escondidos.

---

35 Los textos tibetanos mencionan igualmente un *objeto observado*. De todos modos, no lo trataremos por separado en la medida en que es idéntico al objeto que aparece.

Es importante entender que las distinciones previas no se hacen desde la perspectiva del objeto en sí, sino desde su posición en una situación cognitiva específica. Es decir, aunque algo puede ser el objeto que aparece en una percepción particular, puede ser el objeto concebido en otra, el objeto principal en otra y demás. Del mismo modo, el objeto que aparece ante una cognición particular no excluye necesariamente la posibilidad de que pueda ser alguno de los otros tipos de objetos de esa misma cognición. Teniendo esto en mente, se debería clarificar la relación particular que estos objetos tienen entre sí con la ayuda de las siguientes consideraciones sobre sus distinciones individuales.

La clasificación en cuatro de los objetos

El objeto que aparece

En general, y tal y como el nombre sugiere, es el objeto que aparece en una percepción o concepción particular. Pero esto no es siempre así porque, aunque cierto objeto pueda aparecer ante una percepción particular, no tiene que ser, necesariamente, su objeto que aparece. Esto es especialmente cierto en el caso de una percepción conceptual. Por ejemplo, se puede mirar un jarrón y pensar en él al mismo tiempo. Pero, aunque el jarrón aparece a la cognición conceptual de uno, no se considera su objeto que aparece. Es así porque en las percepciones conceptuales *sólo* la imagen mental del objeto es el objeto que aparece. Por ello, en nuestro ejemplo, la imagen mental del jarrón es el objeto que aparece mientras que el jarrón en sí es el objeto principal y el concebido. Por lo tanto, deberíamos entender que de los objetos que aparecen a una percepción conceptual sólo las imágenes mentales[36] permanentes se consideran los objetos que aparecen. Pero en el caso de las percepciones no conceptuales dicha distinción no se hace, ya que la naturaleza de la percepción sea sensorial o mental es la de aprehender sus objetos puramente, sin la necesidad de proyectar ninguna imagen mental. Por lo tanto, cualquier objeto que aparece a una percepción no conceptual es su *objeto que aparece*.

36 Las imágenes mentales son permanentes en la medida en que son estáticas, no compuestas, no sometidas a un flujo transitorio.

Cuando miramos por la ventana y vemos casas, árboles, montañas y otras cosas, cada aspecto de nuestro campo de la visión –sea aprehendido o no– es un objeto que aparece en esa percepción visual. Del mismo modo, todos los sonidos que oímos son los objetos que aparecen ante la percepción auditiva, etc.

El objeto principal

Además de estar dotadas de un objeto que aparece, todas las percepciones se caracterizan por tener un objeto principal[37]: es el objeto primordial y predominante en una percepción, el objeto con el que la mente está especialmente ocupada e involucrada. Cuando miramos el paisaje desde nuestra ventana, aunque se recibe una amplia variedad de impresiones, la mente tiene la tendencia a involucrarse con aspectos particulares del campo de visión. Por ello, estos aspectos particulares son tanto el objeto que aparece como los objetos principales de la percepción visual, mientras que las impresiones a las que no se le presta atención son su objeto que aparece, pero no su objeto principal[38].

En el caso de las percepciones conceptuales, el objeto en el que uno piensa es el objeto principal y la imagen mental del objeto en sí es el objeto que aparece. Así, para cualquier percepción conceptual, el objeto que aparece nunca puede ser el objeto principal puesto que la consciencia que lo aprehende es incapaz de percibirlo como una entidad identificable. En consecuencia, el objeto que aparece y el principal en una mente conceptual particular, la que sea, son fenómenos mutuamente excluyentes. Para resumir, cualquier objeto aprehendido por una mente particular es su objeto principal. Por ello los términos *objeto principal* y *objeto aprehendido* son sinónimos.

El objeto concebido

De manera simple, el objeto concebido es idéntico al objeto principal de una percepción conceptual. Solo las percepciones concep-

---

37 El término tibetano correspondiente es, igualmente, traducido como *objeto introductorio.*

38 En el caso de una percepción inatenta, el objeto que aparece equivale al objeto principal porque no se le da ninguna atención a un aspecto particular del campo objetivo.

tuales tienen un objeto concebido, porque sólo dentro del marco conceptual la consciencia puede concebir su objeto. Concebir –representar–, pues, es el modo exclusivo que tienen las percepciones conceptuales de aprehender su objeto. Pero ¿de qué modo la consciencia concibe su objeto? Concebir, representarse, significa aprehender el objeto por medio de la aparición de una imagen mental. No obstante, debe quedar claro que la imagen mental del objeto no es, en sí misma, el objeto concebido, sino meramente una ayuda en el proceso de concebirlo[39]. Por lo tanto, cuando uno piensa, por ejemplo, en un jarrón, el jarrón es el *objeto principal* y el *objeto concebido* de aquella percepción conceptual particular. La imagen mental del jarrón es meramente el *objeto que aparece* a esa percepción conceptual y que actúa como un auxiliar de la mente en el proceso de conceptualizar efectivamente el jarrón.

En el caso de la percepción visual de un jarrón, sin embargo, el objeto principal es aprehendido, pero no concebido. La razón de ello es que la percepción, al no ser conceptual, aprehende sus objetos puramente sin tener que mezclarlos con imágenes mentales.

El objeto referente

El objeto referente de cualquier percepción es el objeto básico al que la mente se refiere o en el que se enfoca mientras aprehende ciertos aspectos de ese objeto. Supón, por ejemplo, que aprehendemos un jarrón de arcilla mediante la percepción visual. Aquí, el jarrón es el objeto de referencia, y el jarrón de arcilla es el objeto principal. Del mismo modo, si concebimos erróneamente que el sonido es estático, en este caso el *sonido* es el objeto referente mientras que el *sonido estático* es el objeto principal. En este ejemplo, la mente simplemente se enfoca en el sonido, a la vez que, erróneamente, lo aprehende como algo estático. Por ello, el sonido en sí no es el objeto principal de esta percepción porque el sonido como tal no está siendo aprehendido como tal.

---

39 La imagen mental juega un papel auxiliar en el proceso de conceptualizar porque es un elemento indispensable para la existencia de un concepto, el que sea. Pero nunca es el objeto concebido de la misma percepción conceptual porque esta última no aprehende en ningún caso dicha imagen mental.

Conviene dar algunas precisiones en este sentido: aunque estamos hablando de sonido estático como objeto principal de esta percepción conceptual, solo se considera objeto principal en términos de la consciencia que lo aprehende. Pero el sonido estático *per se* no es un objeto principal puesto que, al ser inexistente, no se puede considerar un objeto.

En nuestra aplicación práctica es importante comprender la distinción entre el objeto de referencia y el objeto principal de la ignorancia que aprehende la existencia esencial del yo, la persona. Aunque se enfoca en la persona, la concepción errónea fundamental que es la ignorancia la percibe como una entidad estática, sin partes y autónoma. Su objeto de referencia -el yo, la persona- existe como una entidad transitoria, pero su objeto principal -un yo estático, sin partes y autónomo- no existe en absoluto. Por lo tanto, cuando se investiga la ausencia de una persona esencial o intrínseca sería un grave error considerar que estos dos objetos son idénticos. Hacerlo así eliminaría cualquier posibilidad de comprender este punto crucial.

LA CLASIFICACIÓN EN DOS DE LOS OBJETOS

Objetos inmediatos y objetos implícitos

Al presentar los objetos directos e indirectos estamos, principalmente, señalando lo que significa actuar como *objeto principal de una percepción probada o establecida*. La comprensión de un objeto puede ser directa o indirecta. Por este motivo se dice que un objeto percibido de modo establecido bien es el objeto directo o bien el indirecto de dicha comprensión.

Cualquier objeto principal que aparece a una percepción que lo comprende o establece es considerado el objeto directo o inmediato de esta percepción. En otras palabras, es un objeto que dicha percepción comprende incontrovertiblemente. La característica que distingue un objeto inmediato de un objeto indirecto o implícito es que además de ser un objeto principal, su aspecto aparece en realidad a la mente que lo aprehende. Por otro lado, el objeto indirecto o implícito de una percepción establecida o probada sigue siendo un objeto principal de esa comprensión, aunque su aspecto en realidad no aparezca a la mente.

Considera, por ejemplo, una percepción directa válida de un jarrón. En este caso, el jarrón sería el objeto directo o inmediato porque aparece a la percepción no conceptual. Sin embargo, *la existencia del jarrón*, aunque puede ser percibido de manera probada a través de la percepción visual, no es un objeto directo puesto que, en realidad, no aparece a la percepción. Aunque *la existencia del jarrón* sea un fenómeno estático y no temporal[40], es implícitamente comprendida o percibida de manera probada por dicha percepción directa sensorial visual porque, aunque no aparece ante ella, la percepción visual puede, de modo subsiguiente, inducir una certidumbre conceptual de la existencia del jarrón. En consecuencia, *la existencia del jarrón* sería un objeto indirecto o implícito de esta percepción directa.

Llegados a este punto, es preciso clarificar la distinción entre un objeto que se comprende de modo inmediato o directo y uno percibido directamente por una percepción probada o verificable. La diferencia aquí es que la *percepción probada inmediata* puede ser conceptual o no conceptual, mientras que una *percepción probada directa* es exclusivamente no conceptual. La transitoriedad del sonido que aparece a una *percepción probada conceptual* puede ser percibida inmediatamente por dicha cognición. Pero, como su apariencia estaría mezclada con la de una imagen mental, no se puede decir que sea percibida de modo inmediato o directamente por esa cognición. La percepción directa, pues, es una percepción directa que comprende el objeto sin necesidad de mezclarlo con una imagen mental subjetiva.

LA CLASIFICACIÓN EN TRES

Objetos evidentes, objetos ligeramente escondidos y objetos muy escondidos

Esta división de los objetos de nuestras percepciones se hace según su grado de accesibilidad a nuestra comprensión. *Un objeto evidente*

---

40 La existencia de un fenómeno dado, en general, es no transitorio. Se trata de un concepto que no se transforma instante a instante. Aquí, la existencia del jarrón es, según el sistema sautrantika al que nos referimos, un *existente por características generales*, imputado por un concepto. La existencia de un jarrón es, aquí, un fenómeno permanente. Pero un fenómeno producido particular, como un jarrón, estando sujeto a un flujo de transformaciones subjetivas, es de naturaleza transitoria, impermanente, sustancial, como lo son también existentes no físicos tales como el individuo o la consciencia.

es todo aquel que se puede percibir inmediatamente por medio de una consciencia sensorial; *un objeto ligeramente escondido* es aquel que puede ser inferido por la reflexión, y *un objeto extremadamente escondido* es aquel que tiene que ser aceptado basándose en la confianza y la fe.

El mundo externo, las casas, los árboles, las montañas, los ríos, las demás personas y nuestras propias sensaciones son objetos que nuestros sentidos experimentan directamente. Para conocerlos no requerimos apoyarnos en el intermediario del pensamiento conceptual basado en el razonamiento. Por ello se dice que son objetos *evidentes* o *manifiestos* de nuestra cognición.

Aunque nuestras experiencias directas como seres conscientes ordinarios se limitan a estos objetos de los sentidos, por medio del razonamiento por la fuerza de las cosas tenemos la capacidad de inferir la existencia de objetos que en el presente están más allá del alcance de nuestra percepción. Por ejemplo, si comprendemos que un jarrón es un fenómeno producido, creado, y que todo lo que es creado, necesariamente, es transitorio, podemos inferir de modo correcto que un jarrón es una cosa transitoria. Aunque la transitoriedad de un jarrón no sea evidente a nuestros sentidos, mediante una razón perfecta se puede generar una inferencia por la fuerza de las cosas, gracias a la cual la impermanencia del jarrón se incluye en el dominio de nuestra comprensión. La transitoriedad de un jarrón no es demasiado difícil de inferir, pero la ausencia de existencia intrínseca del yo, la existencia de las vidas pasadas y futuras y las cuatro nobles verdades también se pueden comprender válidamente por medio de la lógica. Por ello, se dice que un objeto es *ligeramente escondido* cuando a pesar de estar escondido de las percepciones ordinarias no conceptuales, aun así, puede ser inferido por medio de un razonamiento por la fuerza de las cosas.

Además de los objetos evidentes y los ligeramente escondidos, todavía quedan ciertos fenómenos que no somos capaces de comprender ni mediante un razonamiento ni sin él. Están más allá del alcance de nuestra comprensión, y su existencia solo se puede aceptar confiando en la validez de la comprensión más amplia y profunda de un buda. Un ejemplo de dicho objeto sería la causa kármica específica de un suceso particular en esta vida y que está más allá del alcance de nuestra cognición. No podemos ni percibir directamente su existencia ni inferirla indirectamente. De modo similar, las condiciones particulares bajo las que se creó y la manera particular en que surgió su resultado son también incomprensibles para nosotros. Otro ejemplo que se usa frecuentemente es el de las causas particulares y razones de los diversos colores de las plumas en la cola de un pavo real. Puesto que estos puntos tan sutiles son imposibles de comprender para nosotros sin apoyarnos en la consciencia de un buda, son *objetos de cognición extremadamente escondidos*.

Segunda Parte
Un modelo psicológico de la mente

6 Consciencias principales y factores mentales

6 Las consciencias principales y los factores mentales

En la segunda parte de este libro estudiaremos la mente desde la perspectiva de las *consciencias principales* y los *factores mentales*. Los capítulos precedentes han estado centrados en la manera en que la consciencia percibe su objeto de un modo no conceptual, conceptual, válido, no válido y otros. Se presentaba un modelo epistemológico básico de la consciencia. Ahora seguiremos un acercamiento más psicológico examinando la mente desde el punto de vista de los aspectos positivos y negativos que condicionan nuestra personalidad y dirigen el curso de nuestro desarrollo interno. No obstante, esto no implica que las consideraciones epistemológicas previas carezcan de ninguna implicación moral o psicológica. De modo similar, el acercamiento psicológico que se va a presentar no debería disociarse de su contexto epistemológico. La estructura del sendero budista a la Iluminación implica tanto la transformación de la mente desde un estado no válido a uno válido como desde un estado negativo a uno positivo. En realidad, solo desenraizando los factores mentales negativos se pueden obtener las percepciones válidas de un arya o de un buda. Del mismo modo, solo una inferencia válida y [la posterior] percepción de la transitoriedad y de la ausencia de existencia intrínseca pueden eliminar los más enraizados rasgos negativos de la mente. Cuando se usan para describir el sendero del desarrollo espiritual los dos esquemas, sencillamente, revelan dos facetas de un mismo proceso.

Los factores mentales son los principales responsables que nos conducen a todo tipo de experiencia. Cuando la mente está influenciada por factores mentales negativos como el apego y el odio, uno se ve impulsado a cometer actos que causan experiencias de frustración y dolor. Pero cada vez que está dominada por factores positivos como la compasión y la paciencia, cualquier actividad resultante, física y verbal, sólo reportará felicidad y bienestar. Los aspectos negativos de la mente son la raíz de nuestra esclavitud en el samsara, mientras que los aspectos positivos nos permiten liberarnos de dicha condición insatisfactoria.

Ya que la fuerza principal que motiva nuestras vidas es el deseo de encontrar felicidad y evitar el dolor, es esencial reconocer los procesos psicológicos que funcionan dentro de nosotros. Solo mediante un análisis cuidadoso podremos comprender con precisión cuáles son las causas de nuestro placer y de nuestro dolor y, subsiguientemente, nos podremos implicar en el cultivo de ciertos factores mentales y eliminar el resto. Pero mientras la mente siga dominada por aflicciones perniciosas, nuestros anhelos y lo que en la práctica hacemos para conseguirlos están en completa contradicción. Aunque suspiremos por la felicidad, únicamente estamos creando causas para experimentar dolor. Por ello, investigar la naturaleza, las funciones y los efectos de los diversos pensamientos y emociones que tienen lugar en nuestro interior, y actuar de manera realista y de acuerdo con nuestras conclusiones es la esencia del estudio y práctica del Dharma.

Persistir en tratar de manipular el mundo externo material para conseguir felicidad y eliminar sufrimiento es como preocuparse por pelear en una batalla en el exterior ignorando que el enemigo de verdad mora en el interior. Si no tratamos directamente nuestra propia estructura psicológica nunca se encontrará felicidad de verdad en ninguna situación externa: siempre encontraremos los mismos problemas, como la persona que no entiende que el enemigo se encuentra en su propia casa. No se puede, pues, dejar de acentuar la importancia de ser conscientes del modo en que los factores mentales afectan a nuestras vidas.

Las consciencias principales

En primer lugar, es preciso entender que una consciencia principal y sus factores mentales asistentes maniobran siempre al unísono. Un objeto nunca es conocido por una mente principal desprovista de factores mentales ni por un factor mental que no esté acompañado por una mente o consciencia principal. El término *consciencia principal* abarca la totalidad de un estado mental o sensorial compuesto de una variedad de factores mentales. Una consciencia principal es como una mano y los factores mentales son como los dedos individuales, la palma de la mano, etc. El carácter de una mente principal viene, pues, determinado por los factores mentales de los que se compone. Si un factor negativo está presente, la mente en su totalidad se vuelve negativa; si es un factor positivo el que está presente, la mente adopta un aspecto positivo. Es similar a añadir azúcar o sal a un vaso de agua. Añadiendo una u otra sustancia, todo el líquido adopta su sabor. De este modo, pues, los factores mentales individuales ejercen su influencia sobre el estado principal de la consciencia, coloreando su disposición y activando el potencial para manifestar su actividad externa.

La definición de consciencia principal es "una cognición o percepción principal establecida al aprehender la presencia fundamental del objeto". La función de la consciencia principal no es estar implicada particularmente con aspecto alguno del campo objetivo, solo es la mera consciencia de los datos que se le presentan. Tal y como veremos, los diversos factores mentales son responsables de la selección y procesamiento de dichos datos.

A este respecto, la relación entre una consciencia principal y sus factores mentales es similar a la de un encargado y un grupo de trabajadores. Cada trabajador se ocupa solo de su trabajo particular, mientras que el encargado es consciente de lo que cada trabajador hace, sin implicarse directamente en ninguna de sus actividades individuales.

Hay dos tipos de consciencia principal: consciencias principales sensoriales y consciencias principales mentales.

Las consciencias principales sensoriales son cinco: visual, auditiva, olfativa, gustativa y del tacto. Cada una de estas cinco se define según la condición dominante, es decir, el poder sensorial de acuerdo con el que surgen. Todas ellas son estados de consciencia mutuamente excluyentes, y cada una está compuesta de sus propios factores mentales.

Una consciencia principal mental es una cognición principal que surge dependiendo de su condición dominante, el poder sensorial mental. Esta es la más compleja e importante de las mentes principales, puesto que es la que se ve acompañada y afectada directamente por los distintos factores mentales, positivos y negativos.

Las consciencias principales sensoriales son fenómenos inespecíficos, es decir, ni positivas ni negativas. Las consciencias principales sensoriales son exclusivamente percepciones no conceptuales, mientras que las consciencias principales mentales pueden ser perceptuales o conceptuales. Estas dos categorías, asimismo, se pueden dividir en percepciones precisas y percepciones falsas, así como válidas y no válidas.

Además, si una mente principal es una percepción directa sus factores mentales acompañantes también serán percepciones directas. Es imposible que una mente principal y sus factores mentales pertenezcan a categorías de cognición sustancialmente distintas y mutuamente excluyentes. Por esta razón, por ejemplo, no podemos llamar a una percepción válida *una consciencia principal* o *un factor mental* porque es un estado general de consciencia compuesto tanto de mentes principales como de factores mentales. De los siete tipos de mente explicados sólo la duda se puede clasificar en una de estas dos categorías puesto que es exclusivamente un factor mental.

Los factores mentales

Un factor mental se define como "una percepción que aprehende las características de su objeto y que posee cinco identidades con la consciencia principal que la acompaña".

Los factores mentales tienen una función específica al relacionarse con una cualidad particular del campo objetivo. Por ejemplo, la función específica de la sensación es experimentar el objeto, la del discernimiento reconocerlo y la de la concentración sostenerlo firmemente.

Hablando en general hay innumerables factores mentales. No obstante, en el *Compendio del Abhidharma*[41], Asanga enumera cin-

41 En su comentario al *Tesoro del Abhidharma*, Vasubhandu los divide de modo diferente según un conjunto de cuarenta y seis factores mentales repartidos en seis categorías del modo siguiente:1) Diez factores siempre presentes: sensación, intención, discernimiento, aspiración, contacto, inteligencia, atención, implicación con el objeto, determinación o aprecio y concentración. 2) Diez factores virtuosos: fe, autodisciplina o rectitud, flexibilidad, ecuanimidad, respeto por uno mismo, respeto por los demás, no apego, no aversión,

cuenta y uno para presentar de manera fácil los más importantes. Éstos, a su vez, se clasifican en seis grupos diferentes: los factores omnipresentes, los factores que determinan el objeto, los factores variables, los factores positivos, las aflicciones raíz y las aflicciones secundarias.

Los factores mentales omnipresentes son la sensación, el discernimiento, la intención, el contacto y la atención básica. Son cinco elementos esenciales en cualquier estado de consciencia, por burda o sutil que sea. Constituyen el componente inherente de la cognición sin el cual esta no podría funcionar. Los factores mentales que determinan el objeto son la aspiración, el aprecio, la atención, la concentración y la inteligencia o sabiduría[42]. Se denominan así porque determinan los aspectos individuales que se hallan en el campo objetivo. Aunque en sí mismos sean moralmente neutros, cuando caen bajo la influencia de los factores mentales positivos o negativos juegan un papel muy importante en moldear el carácter de la personalidad y la cualidad de la experiencia individual.

Los factores mentales variables son: dormir, arrepentimiento, examen general y análisis preciso. Se denominan así porque su carácter varía según se encuentren bajo la influencia de factores positivos o negativos. Aunque sólo estos cuatro son específicamente mencionados en esta categoría, en realidad, tanto los factores omnipresentes como los que determinan el objeto comparten con los variables esta calidad de variabilidad moral.

Los once factores mentales positivos son la fe, la consideración hacia uno mismo[43], la consideración o respeto hacia los demás[44], el

---

no violencia, entusiasmo. 3) Seis factores negativos principales: no fe, pereza, ignorancia, hundimiento, agitación, falta de rectitud. 4) Dos factores no virtuosos: ausencia de respeto por los demás y ausencia de respeto por uno mismo. 5) Diez factores negativos secundarios: cólera o aversión, rencor, ocultación, envidia, ira, falsedad, avaricia, hipocresía, autocomplacencia, crueldad. 6) Ocho factores indeterminados: análisis global, investigación burda, arrepentimiento, sueño, cólera, apego, orgullo y duda.

42 Inteligencia, discernimiento, el término tibetano correspondiente es habitualmente traducido como *sabiduría*. Según el contexto aquí lo traduciremos como *inteligencia* o *sabiduría*, siendo el primero, en sí mismo, de naturaleza neutra.

43 También se podría traducir como *tener escrúpulos*.

44 También se podría traducir como *vergüenza*.

no apego, la no aversión[45], el entusiasmo[46], la flexibilidad[47], la rectitud o autodisciplina, la ecuanimidad, la no violencia[48] y otros. Al cultivarlos, se eliminan sus estados opuestos negativos: la falta de fe, la falta de consideración hacia uno mismo, la falta de consideración hacia los demás, etc., y descubrimos más y más paz y bienestar. Son los elementos responsables de todas las formas de crecimiento y desarrollo espirituales.

Las seis aflicciones raíz: el deseo-apego, el odio u aversión, el orgullo, la ignorancia, las visiones o puntos de vista contaminados y la duda son los factores mentales que nos atan al ciclo de la existencia infeliz actuando como causa principal de todo nuestro sufrimiento y frustración. Colocan a la mente en un estado de agitación e intranquilidad que provoca actividad física y mental perjudicial, tanto para uno mismo como para los demás. Son el enemigo real que tiene que ser superado a través de la práctica del Dharma.

Las veinte aflicciones secundarias son los factores mentales negativos que surgen de modo natural en proximidad con las aflicciones raíz. Incluyen la ira, la envidia, la pretensión, la pereza y otros, los cuales son resultados específicos de una o varias aflicciones raíz. En los siguientes capítulos continuaremos elucidando cada uno de estos cincuenta y un factores mentales con mayor detalle.

Las cinco identidades comunes entre una consciencia principal y sus factores mentales

Además de las relaciones descritas antes, todas las consciencias principales y sus factores mentales presentan cinco identidades comunes: la base de apoyo, la duración, el aspecto, el referente o aspecto del objeto y la sustancia. Para explicar estas similitudes, tomemos el ejemplo de una consciencia principal visual del color azul y su factor mental acompañante de la sensación. Tienen una *base* similar puesto que ambos entran en la existencia dependiendo del mismo órgano,

---

45 También se podría traducir como *no irritable.*

46 También se podría traducir como *energía entusiasta* o *esfuerzo alegre.*

47 El término tibetano correspondiente es igualmente traducido como *flexibilidad* o como *aptitud.*

48 También se podría traducir como *no maldad, no violencia.*

es decir, el órgano visual. Tienen una *duración* similar puesto que ambos entran en la existencia simultáneamente, moran simultáneamente y cesan simultáneamente. Por ello una relación causal nunca es posible entre una mente principal y sus factores mentales acompañantes porque uno nunca precede al otro. Su *aspecto* es similar puesto que ambos tienen el mismo aspecto del color azul. Es decir, que -subjetivamente- ambos reflejan una imagen similar del campo objetivo. Su *referente* es similar puesto que ambos se refieren al mismo objeto. Para una consciencia principal y sus factores mentales acompañantes no es posible tener objetos referentes diferentes. Finalmente, tienen una *sustancia* similar puesto que su carácter básico cognitivo es siempre el mismo: nunca se da el caso de que una mente principal sea una percepción no conceptual mientras que uno de sus factores mentales asociados sea una percepción conceptual, o que un factor mental exacto acompañe a una cognición principal que sea una percepción errónea. Su carácter cognitivo o sustancia es siempre idéntico. Las cinco similitudes son aplicables a cada mente principal y sus factores mentales acompañantes.

Trataremos a la vez los factores omnipresentes, los que determinan el objeto, y los variables porque todos comparten la característica de ser funciones de la mente que, en sí mismas, ni son positivas[49] ni negativas.

Los factores mentales omnipresentes y los que determinan el objeto son actividades psicológicas que constituyen el mecanismo básico de la mente. Dependiendo de cómo se use y dirija dicho mecanismo la mente puede transformarse en estados más elevados de paz, comprensión y amor por los demás o degenerar en la confusión, la neurosis e incluso la locura.

Los factores mentales variables incluyen cuatro funciones mentales específicas que pueden ser positivas, negativas o neutras.

La dirección que tome nuestro propio desarrollo interno depende, esencialmente, de nuestra propia responsabilidad. Los demás pueden mostrarnos el camino, pero incorporar dichas enseñanzas

---

49 Los cuatro factores variables son generalmente estudiados después de los veinte factores perturbadores secundarios

a nuestras vidas depende de nosotros. En el presente, los elementos básicos de nuestra mente son siempre propensos al surgimiento descontrolado de pensamientos molestos y emociones conflictivas. Estos lances nos exponen a todo tipo de tensiones internas, preocupaciones, temores y frustraciones y nos llevan a actuar de un modo incompatible con nuestro bienestar y el de los demás. Para superar estos problemas es necesario, fundamentalmente, reorientar nuestra perspectiva y desarrollar un dominio y control sobre estos procesos psicológicos imbuyéndoles de claridad, alegría y amabilidad.

7 Los factores omnipresentes, los factores que determinan el objeto, y los factores variables

7 Los factores mentales omnipresentes, los que determinan el objeto y los variables

Los factores mentales omnipresentes

Puesto que la sensación, el discernimiento, la intención, el contacto y la atención básica acompañan a toda mente principal, sin importar lo breve o sutil que pueda ser, se dice que son *factores mentales omnipresentes.*

La sensación

La sensación se define como "una percepción específica que consiste en la experiencia de placer, dolor o un estado neutro, es decir, un estado que no es ni agradable ni doloroso". El placer y el dolor no son los objetos de la sensación, sino la sensación o experiencia misma. Por lo tanto, son de la naturaleza de la consciencia y surgen en función del contacto de la consciencia con sus diversos objetos. La sensación, por tanto, es la cualidad inherente de experiencia presente en cada estado mental.

La función general de la sensación es experimentar plenamente los efectos que maduran de nuestras acciones previas. Su función específica es la de desembocar en reacciones de apego, odio y confusión.

Tan pronto como ocurre una sensación agradable los seres conscientes tenemos la tendencia de querer prolongar y renovar dicha experiencia y, de ese modo, surgen el apego y el ansia. Pero cuando ocurren las sensaciones dolorosas la tendencia es totalmente la opuesta: provoca un fuerte deseo de liberarse de ellas, lo cual induce a la aversión y a la cólera. Cuando se experimenta indiferencia la mente tiende a volverse espesa y poco clara, llevando así hacia un estado de confusión e ignorancia.

Estas reacciones habituales a nuestras sensaciones constituyen uno de los elementos básicos en el proceso de la existencia samsárica, y mientras permanezcan descontroladas continuaremos siendo impulsados hacia estados de existencia insatisfactorios. Para contrarrestar estas tendencias innatas, el Buda enseñó una forma de meditación llamada *emplazamiento cercano de la atención a las sensaciones*[50]. Por medio de esta práctica se desarrolla una consciencia lúcida y firme de cualquier sensación que surja en la mente para aprender a responder de un modo inteligente a la experiencia, en vez de reaccionar de un modo ciego.

Hay tres modos diferentes de clasificar a la sensación:

1) Sensaciones agradables, dolorosas e indiferentes
2) Sensaciones sensoriales y mentales
3) Sensaciones contaminadas y no contaminadas

La primera clasificación ya se ha explicado. En lo que respecta a la segunda, las sensaciones sensoriales son las que acompañan a las consciencias sensoriales, mientras que las sensaciones mentales son las que acompañan a la consciencia mental. Las sensaciones contaminadas son las experiencias insatisfactorias de placer, dolor e indiferencia que acompañan a todos los estados de consciencia que se ven afectados por aflicciones mentales. Las sensaciones no contaminadas son las que acompañan a los estados de consciencia en las mentes de los aryas, los cuales no se ven afectados por las aflicciones mentales.

El discernimiento

El discernimiento es definido como "un factor mental específico cuya función es identificar el objeto como una cosa opuesta a otra por medio de la diferenciación".

El discernimiento es la cualidad propia de la mente cuyo trabajo es distinguir un objeto de otro, identificándolo con términos y frases –como en el caso de la mayoría de las percepciones conceptuales– o, simplemente, haciendo una distinción entre objetos, como en el caso de las percepciones no conceptuales. Por lo tanto, el discernimiento está presente en todas las formas de cognición y juega un pa-

50 Ver Gueshe Rabten: *Emplazamiento cercano de la atención en el mahayana*

pel esencial en el pensamiento abstracto y la imaginación, así como en las percepciones visuales y auditivas más simples.

Según sus bases tenemos seis formas de discernimiento que abarcan desde el discernimiento asociado con el contacto visual hasta el discernimiento asociado con el contacto mental. También se puede clasificar en seis tipos según sus objetos:

1 *Discernimiento con signos*
Este tipo de discernimiento es de tres clases: el que es hábil en relacionar términos con sus objetos correspondientes; el que discierne fenómenos concretos, transitorios, y el que tiene un referente u objeto claro y específico.

2 *Discernimiento sin signos*
También puede ser de tres tipos, y son los opuestos a los tres mencionados antes. El primero es el discernimiento de un niño que, al no haber aún aprendido el lenguaje, no identifica objetos con signos, es decir, con nombres y términos. El segundo es el discernimiento de una percepción yóguica de la verdad última en la que no hay signo de ningún fenómeno condicionado. El tercero es el discernimiento del estado de absorción del reino sin forma en el estado *la cima de la existencia cíclica*[51], en la que no hay signo de un objeto claro o específico.

3 *Discernimiento menor*
Es un discernimiento presente en los seres que habitan el reino del deseo y que aún no han obtenido la etapa preparatoria de los estados de absorción mental denominados *base de la concentración*. Todos los discernimientos están focalizados en los cinco objetos de los sentidos Se dice que es *limitado* porque discierne un mundo en que la vida es más corta, las aflicciones más numerosas y los bienes, e incluso el medio ambiente, son de menor cualidad que en estados más elevados de la existencia.

51 Se trata de un estado de concentración en el que no se produce ninguna actividad conceptual burda de la consciencia. Es el nivel más elevado del reino sin forma.

4 *Discernimiento vasto*
Es un discernimiento que existe en el reino de la forma. Se denomina *vasto* porque discierne un mundo en el que las aflicciones son menos y las cualidades positivas son mayores que en el reino del deseo.

5 *Discernimiento infinito*
Es el discernimiento enfocado en la esfera del espacio y la consciencia infinitos. Se denomina así porque discierne el espacio y la consciencia como entes infinitos.

6 *Discernimiento de la nada*
Es el discernimiento del reino sin forma en el que la mente está absorta en la *nada*. Se denomina así porque considera que no hay nada en absoluto que se presente ante la mente.

Estos tres últimos discernimientos hacen referencia a estados de absorción meditativa específicos correspondientes a los niveles superiores de existencia del reino de la forma y del reino sin forma. Además, se puede hablar también de discernimiento inexacto y no engañoso.

La intención
La intención se define como "un factor mental específico cuya función es mover hacia el objeto a la consciencia principal con la que tiene las cinco similitudes, además de los demás factores mentales que la acompañan".

Es el elemento de la consciencia tanto consciente como motivador que hace que la mente se implique y aprehenda objetos. Al igual que un imán, por su naturaleza, mueve cualquier hierro con el que entra en contacto, por la mera existencia de la intención la mente se mueve hacia objetos benéficos y perjudiciales. La intención es el principio real de la actividad, en sí mismo es *karma*. Se trate de un acto mental, vocal o físico, el elemento formativo que es el principal responsable y que acumula tendencias e impresiones en la mente es la intención. Por ello, actúa como base de la existencia condicionada.

Hay muchos modos de clasificar la intención según las maneras en las que clasificamos las acciones. Por ello distinguimos entre intenciones que son positivas, negativas y actividades inespecíficas; y asimismo entre aquellas que son meritorias, no meritorias y no fluctuantes. Estos, a su vez, pueden ser actos que proyectan, karmas que completan o, también, karmas contaminados y no contaminados[52].

El contacto

El contacto es "un factor mental específico que, al conectar el objeto, el órgano sensorial y la consciencia principal, tiene por función activar el órgano sensorial causando que se vuelva capaz de actuar como base de las sensaciones de placer, dolor e indiferencia".

El contacto es la base de estas sensaciones porque cuando una consciencia principal aprehende un objeto es el contacto lo que causa que el objeto se experimente como algo atractivo o no atractivo y que hace surgir sensaciones de placer y dolor.

Aunque actúa como base para las sensaciones, no lo hace como la base para la sensación con la que surge simultáneamente. Sólo actúa como base para las sensaciones que surgen subsiguientemente.

Hay seis formas de contacto, y abarcan desde las asociadas con la consciencia visual hasta las asociadas con la consciencia mental.

La atención básica

La atención básica es "un factor mental específico cuya función es dirigir a la mente principal y los factores mentales con las que está asociada hacia el objeto y mantenerla en él". Focaliza la consciencia y la retiene en sus objetos sin permitir que se mueva a otra parte. Es la base para las funciones más desarrolladas de la atención o memoria y la vigilancia.

No obstante, no debería confundirse con la intención. La intención mueve y dirige la mente a un campo de referencia (el objeto) gene-

---

52 Esta lista de diversas categorías de karma no es tampoco completa. El karma es un dominio muy vasto y complejo que no se puede abordar aquí. Para comprender bien este tema conviene referirse a los textos del Abhidharma y al Lam Rim extenso. De modo breve, los karmas que proyectan son los que determinan el renacimiento; los que completan son los que determinan la situación y las condiciones de vida de una existencia determinada por un karma que proyecta. Se distinguen los karmas contaminados y no contaminados según sean constituidos por actos respectivamente fundados o no en aflicciones mentales.

ral –digamos, un paisaje–, mientras que la atención básica se dirige y se enfoca en los detalles específicos –las montañas, los árboles y demás–.

Hay dos tipos de atención básica: la atención realista, es decir, cuando la consciencia está atenta a objetos existentes, y la atención errónea, es decir, cuando está atenta a objetos inexistentes.

Si cualquiera de estos cinco factores mentales estuviera ausente de cualquier percepción particular, dicha cognición sería incapaz de funcionar o, incluso, de existir. Sin sensación no ocurriría experiencia alguna de placer, dolor o indiferencia. Sin discernimiento no podría haber reconocimiento o identificación del objeto. Sin intención no habría posibilidad de implicarse con el objeto. Sin contacto no habría base para la sensación. Y sin atención básica la mente no se podría dirigir hacia ningún objeto particular. No obstante, no siempre tienen que estar presentes en un estado manifiesto. Ocasionalmente, como durante la consciencia sutil que ocurre en la muerte, en el momento inmediatamente antes de nacer y cuando la mente está absorta en una cesación, algunos de estos factores mentales omnipresentes sólo están presentes en un estado latente.

Los factores que determinan el objeto

La aspiración, el aprecio o determinación, la atención/memoria, la concentración y la inteligencia son factores mentales que *determinan* sus objetos porque llevan a cabo la función de determinar sus objetos particulares por medio de distinguir una característica específica del campo objetivo. Por ejemplo, la aspiración determina lo que es deseable en el campo objetivo; el aprecio determina aquello que se ha entendido como valioso, y la atención determina lo que debe tenerse en mente. Cuando la mente está activamente implicada en una labor, sea positiva o negativa, estos factores mentales están constantemente activos, dando dirección, coherencia y sentido al tren de nuestro pensamiento y comportamiento.

La aspiración

La aspiración es "un factor mental específico que, tras haberse enfocado en un objeto determinado, tiene por función desarrollar un fuerte interés hacia él". Actúa como base del entusiasmo.

En general, cualquier deseo o anhelo de obtener un objeto particular es una *aspiración*. Dependiendo de la naturaleza de ese objeto u objetivo, la aspiración se vuelve sana y constructiva o insana y destructiva. Por ello, es importante aprender qué objetos merecen nuestra aspiración y cuáles no.

Hay una triple clasificación de la aspiración: la aspiración de volverse a encontrar con lo que ya ha pasado; la aspiración de no separarse de lo que uno experimenta en el presente, y la aspiración de obtener un cierto objetivo en el futuro.

También se puede dividir en cuatro: un fuerte interés en un objeto de deseo sensorial; un fuerte interés en un objeto material; un fuerte interés en una opinión particular o punto de vista, y un fuerte interés en la liberación.

El aprecio o determinación

El aprecio es "un factor mental específico cuya función es estabilizar la aprehensión de un objeto que, previamente, ya ha sido establecido, y no permite que la mente se distraiga con nada más". Tiene la función también de estimar el objeto y recordarlo.

Apreciar un objeto sólo surge después de que sus cualidades han sido establecidas como merecedoras y valiosas. Una vez apreciado de este modo, la mente estará mucho más inclinada a seguir un cierto tipo de comportamiento para obtener el objeto, llevar a cabo un objetivo o, de algún modo, relacionarse con el objeto. En la práctica del Dharma, el aprecio es un elemento esencial en el valioso estado de fe y confianza. Por ejemplo, cuanto más fuerte sea el aprecio de la naturaleza y características de Buda, Dharma y Sangha, más fuerte será la fe en su infalibilidad y la motivación para colmar los objetivos espirituales personales. De hecho, Buda mismo, en el *Sutra que pidió Sagaramati,* dijo que el aprecio/determinación es la raíz de todo lo positivo.

Hay ilimitadas formas de aprecio puesto que los objetos apreciados por los ilimitados seres conscientes son infinitos. Pero, en resumen, podemos hablar de dos tipos de aprecio: erróneo y realista.

La atención o memoria

La atención es "un factor mental específico cuya función es redirigir la mente hacia un objeto con el que uno previamente se ha familiarizado, de modo que no lo olvida".

La atención actúa en una amplia variedad de actividades. Durante la meditación unipuntualizada es el factor responsable de llevar constantemente el objeto a la mente y sostenerlo allí. En la práctica de la disciplina moral se compara a un guardián en la puerta de la mente cuyo trabajo es estar siempre atento a los diversos factores mentales que aparecen —en particular las aflicciones–.

Estar atento a los votos y compromisos hace que los factores mentales negativos sean incapaces de anclarse en la mente causando agitación y caos. Durante el estudio, la atención te capacita para recordar lo que se ha aprendido previamente y, de este modo, te permite ir creando un almacén de conocimiento. En la vida cotidiana ordena las actividades cotidianas personales y demás. En resumen, la atención se compara a una casa del tesoro que puede almacenar muchas cualidades positivas sin dejarlas perecer.

Básicamente hay una doble clasificación de la atención: atención o memorias que alteran la mente y las que no lo hacen. Las atenciones mentalmente no molestas pueden dividirse en las que aún se ven obstaculizadas por el hundimiento[53] y la dispersión mental y las que no lo están. El primer tipo incluye todas las formas de atención que surgen de escuchar y contemplar en la mente de alguien que aún no ha obtenido el noveno nivel de permanencia apacible. El segundo tipo incluye todas las atenciones asociadas con el noveno nivel de permanencia apacible, así como las asociadas tanto con la permanencia apacible como con la visión superior.

La concentración

La concentración es "un factor mental específico cuya función es permanecer de modo unipuntualizado sobre un único objeto,

---

53 El término tibetano correspondiente significa literalmente *hundirse* y se podría traducir como *espesor mental*, que denota el aspecto burdo de la falta de claridad, o como *flojera* que, más bien, denota el aspecto sutil de aflojar la aprehensión del objeto: aflojas la intensidad con que lo sostienes.

manteniendo el mismo aspecto durante un espacio de tiempo prolongado".

Tiene la función de a) actuar como base del incremento de la inteligencia/sabiduría y b) adquirir maestría en los dominios mundanos en el seno de la existencia cíclica y lograr todas las cualidades y comprensiones experienciales supramundanas.

La concentración existe, hasta cierto punto, en la mente de todos nosotros. En el presente, dicha facultad puede estar infradesarrollada, y sólo ser capaz de permanecer sobre un objeto un periodo de tiempo muy limitado. Pero con un esfuerzo y práctica continuados la capacidad de la mente de morar unipuntualizadamente sobre un único objeto se desarrolla hasta un estado de permanencia apacible total, en el que se puede permanecer durante días concentrado sobre un objeto particular. Además, los seres que han nacido en uno de los reinos sin forma pueden pasar eones absortos y concentrados en objetos extremadamente sutiles tales como la infinidad del espacio y la infinidad de la consciencia.

La concentración también es un factor importante en el aumento de la inteligencia/sabiduría. Si deseamos hacer una foto, cuanto más firmemente sostengamos la cámara más clara será la imagen. De modo similar cuanto más firme y más intensa se vuelva nuestra concentración, más clara y aguda será nuestra inteligencia.

Aunque hay ilimitados grados de concentración, según su naturaleza se pueden clasificar en diez tipos: las concentraciones asociadas con una mente en el reino del deseo; las cuatro concentraciones asociadas con los cuatro niveles de absorción pertenecientes al reino de la forma; las cuatro concentraciones asociadas con los cuatro niveles de absorción que pertenecen al reino sin forma, y la concentración supramundana.

La inteligencia/sabiduría

La inteligencia/sabiduría es "un factor mental cuya función específica es el discernimiento preciso examinando las características, los defectos o el valor de un objeto aprehendido por la atención".

Además, tiene la función de a) cortar la duda con una certidumbre unilateral, b) servir de base para el desarrollo de todas las cualidades positivas, tanto temporales como últimas, y c) ser similar a un ojo que observa o a una lámpara que ilumina fenómenos escondidos.

No se debería confundir la cualidad examinadora y analítica de la inteligencia/sabiduría con el ondular incierto entre dos alternativas que ocurre en la indecisión. Por culpa del desconocimiento, la duda meramente fluctúa entre dos alternativas relativas a un objeto sobre el que no se ha hallado certidumbre alguna. La inteligencia/sabiduría, por el otro lado, analiza dos alternativas por medio de diferenciar las características específicas de un objeto cuya presencia fundamental ha sido establecida.

La inteligencia se puede aplicar tanto a labores positivas como negativas. Por un lado, ha capacitado a la gente para construir armas de destrucción altamente complejas o, por el otro, códigos de conducta ética. Pero, de lejos, el papel más importante que juega es el de discernir la naturaleza de la verdad última –ausencia de existencia intrínseca o esencial–. Tanto para despertar una inferencia como una percepción directa de la ausencia de existencia intrínseca, una sabiduría adecuada es el factor vital. No obstante, esta sabiduría por sí sola, si no monta en la firme concentración de la permanencia apacible, carece de poder alguno para progresar a lo largo del sendero a la liberación. De manera similar, la permanencia apacible y los diversos niveles de concentración también carecen de poder liberador alguno por ellos mismos. Por lo tanto, es esencial combinar la concentración firme de la permanencia apacible con el discernimiento inteligente y sabio de la visión superior.

Hay cuatro tipos de inteligencia: la sabiduría innata, la que viene de escuchar, la que viene de contemplar y la que viene de meditar. La sabiduría innata es la agudeza natural de la mente que heredamos de nuestros actos en existencias previas. Por ello varía mucho de individuo a individuo. Las otras tres formas de inteligencia/ sabiduría son resultado del adiestramiento intelectual y la disciplina espiritual que seguimos en esta vida. Además, podemos distinguir entre la sabiduría que analiza lo que, de hecho, existe, es decir, la ausencia de existencia esencial o intrínseca, y la sabiduría que analiza lo que existe convencionalmente.

Los factores mentales variables

El dormir, el arrepentimiento, el examen general y el análisis preciso se dice que son factores mentales *variables* porque, dependiendo de la motivación de uno, o de una situación particular, se vuelven positivos, negativos o inespecíficos.

El dormir

El dormir es "un factor mental que provoca que la mente no esté clara, reúne las consciencias sensoriales hacia el interior y deja a la mente incapaz de aprehender el cuerpo". Tiene la función de a) permitir que degenere la aprehensión del objeto por parte de la mente consciente y b) causar una pérdida de la actividad consciente física. Puede ser un aspecto tanto de la ignorancia como de un estado mental no perturbador de desconocimiento: en otras palabras, es del dominio del desconocimiento, sea o no empujado por factores perturbadores de la mente.

Cuando el cuerpo está agotado y necesita un descanso arrastra a la mente principal hacia la oscuridad del sueño profundo, es decir, un estado en el que no ocurren los sueños. A medida que la fuerza del dormir se debilita se experimentan los sueños debido al surgimiento de impresiones y tendencias implantadas en la mente en el estado diurno.

Es un factor mental variable porque puede ser influenciado por nuestro comportamiento. Si pasamos el día implicados en labores positivas y, en particular, generamos fuertes pensamientos positivos antes de dormirnos, esto provocará que el dormir sea positivo y reparador. Si, por el contrario, cuando nos acostamos la mente está repleta de odio y deseo intenso, la cualidad del sueño será también negativa y alterada. Además, existen ciertas técnicas por las que la consciencia del dormir y la del soñar pueden ser utilizadas para la práctica del Dharma. Puesto que son estados mentales mucho más sutiles que la consciencia diurna, pueden convertirse en poderosas bases para desarrollar conocimiento. Pero antes de que se puedan usar de este modo debemos aprender a ser conscientes dentro del sueño y la actividad onírica[54].

---

54 Para explicaciones más amplias sobre este tema el lector debe referirse a la obra del venerable Gueshe Rabten *Los estados de la consciencia* en el capítulo "Dormir y soñar".

Arrepentimiento

El arrepentimiento es "un factor mental que, tras percatarse de que uno cometió algún mal acto en el pasado, tiene la función de incomodar la mente haciéndole sentir desagrado e incomodidad". Tiene además la función de no permitir que la mente esté en paz y actúa como base para provocar infelicidad mental.

Si el acto del que nos arrepentimos era negativo, el arrepentimiento es positivo. Es necesario desarrollar esta forma de arrepentimiento para purificar las impresiones o huellas mentales negativas de los actos malos. Sin embargo, si nos arrepentimos de haber hecho un regalo u ofrecimiento, el arrepentimiento se vuelve negativo y dañino. Arrepentirse simplemente de haber aparcado el coche en el lugar erróneo no es un estado mental positivo ni negativo, sino neutro.

Examen general

El examen general es "un factor mental específico que, dependiendo de la intención o la inteligencia, busca tan solo una idea aproximada de cualquier objeto con nombre".

Análisis preciso[55]

El análisis preciso o investigación es "un factor mental específico que, dependiendo de la intención o la inteligencia, analiza el objeto en detalle".

Tanto el examen general como el análisis preciso son cualidades relacionadas con la intención y la inteligencia, su diferencia está en el grado de precisión con la que investigan el objeto. Si se cultivan de manera positiva, dan lugar a lo que deseamos para esta vida y las futuras. Pero si se desarrollan de modo negativo, solo se vuelven causa para lo que no deseamos, tanto ahora como en el futuro.

---

55 El término tibetano correspondiente es igualmente traducido en español como *análisis preciso*.

8 Los factores virtuosos

8 Los factores virtuosos

En este capítulo consideraremos las once cualidades positivas de la mente que causan que los factores mentales omnipresentes, los que determinan el objeto y los variables adopten un aspecto positivo en la consciencia principal y, en consecuencia, produzcan paz y bienestar tanto para uno como para los demás. Por medio de esforzarse constantemente en su cultivo se enraizarán firmemente en la mente contrarrestando de modo natural los factores mentales negativos y dirigirán a una visión de la realidad más liberadora.

La fe/confianza

La fe es "un factor mental específico que, al referirse a cosas como la ley de causa y efecto, las Tres Joyas y demás, tiene la función de producir un estado mental alegre, libre de la agitación de los factores perturbadores raíz y secundarios". Tiene asimismo la función de a) actuar como base para generar la aspiración de conseguir las cualidades positivas que aún no han sido originadas y b) aumentar dicha aspiración cuando ya se ha generado. En resumen, actúa como puerta de entrada por medio de la que se manifiestan todas las cualidades positivas.

Esta fe o confianza es extremadamente importante como fundamento de la práctica de Dharma. El Buda en una ocasión señaló que, al igual que una semilla quemada es incapaz de producir un semillero, una mente desprovista de fe es incapaz de cultivar nada positivo. Si tenemos una firme confianza en algo, como por ejemplo en que el sufrimiento surge de los actos negativos, estaremos motivados a ajustar nuestro comportamiento como corresponde y a abstenernos de dicha actividad. De modo similar, si tenemos confianza en la fiabilidad de una persona particular no tendremos duda en creer lo que dice, y en seguir cualquier consejo que pueda darnos. La fe no sólo significa tener una actitud reverente ante ciertos seres santos. Se debe entender como un factor mental capaz de ampliar y expandir la propia comprensión.

Hay tres tipos de fe: la fe de la convicción, la fe de la admiración y la fe de la aspiración. *La fe de la convicción* es un estado de confianza completa y certidumbre en cosas como las cualidades de las Tres Joyas, la infalibilidad de la ley de causa y efecto y otras. Es inamovible y no puede ser subyugada por otras proposiciones. *La fe de la admiración* es un estado en el que el objeto de la fe se considera particularmente excelente y querido. Es una mente dotada con una cualidad alegre y de deleite. *La fe de la aspiración* es un estado en el que uno ha considerado el objeto de la fe como alcanzable. Está caracterizado por un fuerte anhelo de alcanzarlo.

La consideración hacia uno mismo

La consideración hacia uno mismo es "un factor mental específico que evita actuar mal por razones de consciencia personal o por la cualidad de ser un practicante de Dharma". Tiene la función de refrenar la conducta perjudicial de cuerpo, palabra y mente, y es la base para todas las disciplinas morales.

Ejemplos de consideración hacia uno mismo serían los que siguen: podríamos estar a punto de perjudicar a otro ser, pero al considerar que nos desagradaría que dicho perjuicio cayese sobre nosotros, nos apartamos de dicha acción. De manera similar, podríamos estar a punto de cometer una acción, pero luego recordamos que no es adecuada en alguien que se supone que practica el Dharma y, por ello, nos refrenamos de llevarla a cabo. Mientras montamos a caballo es importante mantener con fuerza las riendas para prevenir que el caballo pierda el control. Del mismo modo, sin un sentido de consideración hacia uno mismo, nuestra conducta se vuelve caótica, incontrolada y nos dirige al conflicto y al sufrimiento.

Hay dos formas de consideración hacia uno mismo: evitar la maldad para beneficio de uno mismo y evitar la maldad para beneficio de la tradición espiritual de uno.

La consideración hacia los demás/respeto humano

La consideración hacia los demás es "un factor mental específico que evita actuar mal para beneficio de los demás". Tiene la función de a) refrenar la conducta perjudicial de cuerpo, palabra y mente, b) actuar como base para mantener la pureza de la disciplina moral personal, c) impedir la carencia de fe en los demás y d) actúa como causa para que surja alegría en las mentes ajenas.

Este factor mental es muy similar en naturaleza a la consideración hacia uno mismo, excepto que uno se refrena de lo malo al considerar que cometer un acto particular causaría decepción o sufrimiento en los demás. En general, la consideración hacia uno mismo y la consideración por los demás son los factores determinantes por los que la gente en este mundo es considerada noble o no. Son como un recipiente que contiene todas las virtudes divinas y humanas, así como una fuerte verja que las protege. Nagaryuna en una ocasión dijo que hay dos cosas que protegen a la gente del mundo: la consideración hacia uno mismo y la consideración hacia los demás.

Hay dos aspectos en la consideración hacia los demás: evitar lo maligno para beneficio de los demás y evitar lo maligno para beneficio de las tradiciones espirituales de los demás.

El no apego

El no apego o desapego es "un factor mental específico que, con respecto a un objeto en la existencia condicionada, por su naturaleza actúa como remedio directo contra el apego hacia las cosas, sin apegarse ni aferrarse a ellas". Su función es impedir el apego y aumentar la fuerza del remedio hacia él.

El apego es la tendencia de desear poseer un objeto particular, sea animado o inanimado. Mientras permitamos estar sujetos a sus demandas sólo obtendremos decepción y sufrimiento –nunca la satisfacción que buscamos–. El no apego es lo opuesto al apego: nos aparta de la implicación compulsiva con el objeto, por medio de una comprensión de su verdadera naturaleza. En consecuencia, elimina el aferramiento y el ansia de poseer. Bajo la influencia del apego nos vemos conducidos de un lado a otro en búsqueda de placeres fugaces que carecen de valor real alguno. Con el no apego, sin embargo, estamos capacitados para ver de modo más claro y objetivo, y así enfocar nuestra atención y energía en el logro de objetivos que verdaderamente merezcan la pena.

El no odio/no aversión

El no odio es "un factor mental específico que -con respecto a uno de los tres objetos específicos- por su naturaleza adopta las características del amor bondadoso que, directamente, elimina el odio". Su función es actuar como base para prevenir el odio y aumentar el amor y la aceptación paciente.

Los "tres objetos específicos" mencionados se refieren a) alguien que de hecho nos está infligiendo dolor, b) al dolor en sí y c) a la causa o instrumento del perjuicio, es decir, armas, venenos, etc. Al identificar una de estas tres cosas como causa de nuestro sufrimiento tendemos al desagrado y, subsiguientemente, a enfadarnos con ella. Dicha aversión causa agitación y tensión inmediatamente en nuestro interior, y sólo dirige al comportamiento irracional y descontrolado. La no aversión es la respuesta opuesta: sin reaccionar ciegamente a la situación, mantiene una claridad mental caracterizada por el amor, la amabilidad y la aceptación paciente. Es un factor mental positivo que, si se cultiva, erradicará los factores negativos del odio y el enfado. El apego y el odio son como agua hirviendo en la mente. El no apego y la no aversión son similares a agua fría que se vierte en el agua hirviendo: tienen la función de calmar y refrescar las aflicciones del apego y el odio.

La no ignorancia

La no ignorancia es "un factor mental específico que puede surgir de una disposición innata, del estudio, de la reflexión o de la meditación. Por su naturaleza actúa como remedio para la ignorancia, y acompaña a la sabiduría firme que analiza en profundidad la verdadera naturaleza de los objetos". Su función es a) impedir la ignorancia, b) incrementar los cuatro tipos de sabiduría[56] y c) actuar como factor que faculta el desarrollo de las cualidades positivas que pertenecen a la purificación.

La no ignorancia es una claridad y agudeza de la mente que elimina la ignorancia sobre un objeto particular. La ignorancia es como la oscuridad en una habitación y la no ignorancia es como

56 La sabiduría innata, las sabidurías que vienen del estudio, la reflexión y la meditación.

la luz que la elimina. En sí mismo no es una forma de inteligencia, sino una cualidad lúcida de la mente que acompaña a la inteligencia firme que tiene una relación de semejanza con el entusiasmo o con la concentración. La mayoría de nosotros nacemos con un cierto grado de no ignorancia heredada de acciones previas positivas. No obstante, para que nos ayude a obtener la liberación es una cualidad que requiere ser aumentada y desarrollada: en primer lugar, a través del estudio y el aprendizaje, y subsiguientemente a través de la reflexión y la meditación.

Debería resaltarse que los términos *no apego*, *no odio* y *no ignorancia* no dan a entender un estado mental que, simplemente, *carece* de apego, odio o ignorancia. Los prefijos negativos no indican una simple negación de estos factores mentales, sino que más bien denotan aquellos estados que son sus antídotos[57]. Así, el no apego, el no odio y la no ignorancia son fenómenos afirmativos que tienen un efecto positivo de remedio en la mente.

Todas las enseñanzas y consejos que dio el Buda tenían el objetivo único de contrarrestar las aflicciones negativas en la mente de sus discípulos. Por ello, puesto que el apego, el odio y la ignorancia son la fuente principal de todas las aflicciones, sus remedios directos del no apego, no aversión y no ignorancia se convierten en la raíz misma de todo lo que es positivo. En el mismo grado en el que se cultivan y refuerzan, se inflige una debilidad correspondiente en las aflicciones. Por ello, desarrollarlos es el corazón mismo de la práctica budista. Para aquellos que se esfuerzan de modo sincero en conseguir la liberación, este es el sendero para superar plenamente al enemigo interno.

El entusiasmo

El entusiasmo es "un factor mental específico que actúa como remedio para la pereza y que, con alegría, se implica en actividades

---

57 Las partículas negativas tibetanas *ma* y *me* pueden tener tres sentidos diferentes: evocan bien una negación simple (*esto no*); bien otra cosa que lo que se enuncia (*no esto sino aquello*); o la inversa de la antítesis de lo que se enuncia, como es el caso aquí con *no apego* (*ma* chagpa), *no aversión* (zhe dang *med* pa) y *no ignorancia* (ti mug *med* pa)

positivas". Su función es actualizar cualidades positivas que aún no han sido actualizadas y completar aquellas que han sido actualizadas.

Todos los aspectos positivos del sendero se desarrollan por medio del entusiasmo. Es por su fuerza activa por lo que se logra tanto la liberación como el estado de un buda. El entusiasmo es la cualidad dinámica de la mente necesaria para obtener efectivamente cualquier crecimiento auténtico y comprensión espiritual. Cuando la ladera de una colina de hierba seca se prende fuego, dicho fuego sólo se esparcirá si hay suficiente aire. Del mismo modo, el fuego de la sabiduría sólo podrá quemar las perturbaciones mentales si es suficientemente avivado por el aire del entusiasmo. En caso contrario, no importa la comprensión inteligente que se haya conseguido, si no se aplica de modo alegre y entusiástico en la práctica de la meditación sólo se desperdiciará.

Puesto que hay tres formas de pereza podemos también distinguir tres formas de entusiasmo que actúan como remedio. El primer tipo de pereza es la *indolencia* y apatía. Es una cualidad espesa de la mente que carece de cualquier interés en el Dharma y simplemente desea hundirse en un estado indiferente de adormecimiento. La segunda pereza es la *desvalorización* de uno mismo, que se manifiesta en pensamientos como "Soy tan inferior que nunca conseguiré ningún conocimiento o liberación". Es una indulgencia innecesaria basada en una depreciación del propio potencial. El tercer tipo de pereza, *atracción a lo maligno*, a menudo se confunde con el entusiasmo, puesto que también se caracteriza por la perseverancia, pero hacia aquello que es negativo. Todos los esfuerzos que hacemos para conseguir objetivos mundanos, incluso cuando son adoptados alegremente, son, de hecho, formas de pereza. Por ello, un estado diligente de mente es el entusiasmo que contrarresta la indolencia o la apatía. Una perseverancia positiva basada en la autoconfianza es el entusiasmo que supera la desvalorización de uno mismo. Encontrar la alegría en lo que es positivo es el entusiasmo que elimina la atracción a lo maligno.

Hay también una quíntuple clasificación de entusiasmo en a) *entusiasmo parecido a la armadura*, es decir, la gran alegría que viene por medio de una intención positiva; b) *entusiasmo aplicado*, es decir la alegría que se encuentra en la práctica del Dharma; c) *entusiasmo irrompible*, es decir, un estado de mente que no se descorazona una vez la virtud se ha generado; d) *entusiasmo irreversible*, es decir, el estado de alegría en aquel que no se descorazona aunque haya llegado a observarse como inferior a todos los demás, y e) *entusiasmo insaciable*, es decir, desde el punto de vista de no permitir que uno se deteriore, sino, por el contrario, desarrollar hasta completar un estado de alegría en el que uno no se contenta con tan solo un poco de virtud.

La flexibilidad

La flexibilidad es "un factor mental específico cuyo efecto es capacitar a la mente para aplicarse a voluntad en un objeto virtuoso de cualquier manera que desee, además de interrumpir cualquier tipo de limitación mental o física".

Su función es disipar la incapacidad física y mental, y actúa como base de todas las meditaciones directamente asociadas con la permanencia apacible y la visión superior.

La limitación mental y física es un estado de incapacidad mental y corporal en el que uno es incapaz de hacer lo que desea. Es una semilla que hace surgir todo tipo de aflicciones. La flexibilidad elimina directamente la pereza ante las dificultades que uno encuentra en el sendero espiritual. Indirectamente la limitación está relacionada con el desarrollo de todos los factores perturbadores de la consciencia, suscitando una fuerte atracción por la comodidad y un apego extremo hacia esta y hacia la facilidad, haciendo perder el entusiasmo hacia los actos virtuosos.

Por otro lado, la flexibilidad disipa cualquier pesadez y rigidez y vuelve la mente vivaz y flexible, y de esta manera uno se ve capacitado para usarla de cualquier modo que uno desee, sea para solucionar un problema intelectual o para concentrarse sobre un objeto de meditación. Por medio de la práctica, esta cualidad también se puede desarrollar en el cuerpo proporcionando un sentimiento de ligereza y bienestar físico extremo, como si uno estuviera flotando en el espacio. La flexibilidad del cuerpo es sólo una forma específica de sensación del tacto y no debería considerarse el factor mental virtuoso de la flexibilidad. Del mismo modo, debería notarse que la flexibilidad solo se refiere a la cualidad flexible de la mente en relación con objetos virtuosos.

La rectitud/autodisciplina

La rectitud o autodisciplina es "un factor mental específico cuya función es estimar la acumulación de lo que es virtuoso y proteger a la mente de todo lo que hace surgir aflicciones". Es una cualidad imputada a un estado mental en el que el no apego, el no odio, la no ignorancia y el entusiasmo están presentes. Lleva a cabo la función de dirigir a la plenitud y de siempre mantener tanto las virtudes mundanas como las supramundanas.

Los factores perturbadores de la mente pueden surgir debido a condiciones internas o externas. La rectitud nos protege de reaccionar de un modo negativo hacia las condiciones externas y defiende a la mente del dominio del apego, el odio y otros. En proteger a la mente es similar a la consideración hacia uno mismo y a la consideración hacia los demás, pero no está basada en una razón particular, sino que es una cualidad protectora más fundamental. Por mucho que intentemos desarrollar cualidades positivas y virtuosas no tendremos éxito si carecemos de la rectitud. Vivir una existencia descuidada es comparable a estar espiritualmente muerto porque, automáticamente, se desperdicia la oportunidad de cultivar la virtud. Sin embargo, vivir con rectitud equivale a encontrar la inmortalidad[58].

Hay cuatro tipos de rectitud: la rectitud que se aplica a acumular mérito, la rectitud que se aplica en el desarrollo de la renuncia tomando consciencia de todos los males de la existencia cíclica, la rectitud que se aplica en el logro de la liberación, la rectitud que se aplica en distinguir lo que es contaminado de lo que no lo es con el fin de evitar lo contaminado y desarrollar las cualidades no contaminadas de los aryas.

---

58 Esta comparación aparece tanto en el *Dhammapada* (verso 21) como en *Carta a un amigo* (verso13)

La ecuanimidad

La ecuanimidad es "un factor mental específico que, sin tener que desplegar un gran esfuerzo para evitar la excitación y el hundimiento, impide que la mente se vea afectada por ellos". Es una cualidad imputada a un estado mental en el que el no apego, la no aversión, la no ignorancia y el entusiasmo están presentes. Tiene la función de estabilizar y dejar que la mente descanse sobre un objeto virtuoso.

Además, en la medida en que la comprensión experiencial de la realidad última sólo ocurre cuando la mente se encuentra en un estado de equilibrio, se dice que la ecuanimidad actúa como base de dicha experiencia. También actúa como base para impedir la excitación y el hundimiento, así como el resto de las aflicciones raíz y secundarias. En general, la ecuanimidad es el factor mental que mantiene la mente equilibrada y en calma sin permitirle que se distraiga o que se vuelva espesa y poco clara. Aunque este factor puede ser débil en una mente no adiestrada, gracias a la práctica de la meditación constante se puede convertir en una fuerza muy poderosa.

Normalmente hablamos de tres tipos de ecuanimidad: la *ecuanimidad como sensación*, es decir, las sensaciones neutras; la *ecuanimidad ilimitada*, o el deseo de que todos los seres moren en un estado de equilibrio libres de apego y odio, y *la ecuanimidad que es un elemento del agregado de los factores composicionales*. Aquí solo nos referimos al tercer tipo, la ecuanimidad que es un elemento de los factores composicionales. Esta tiene una triple clasificación específica: *la ecuanimidad de una mente equilibrada, la ecuanimidad de una mente en descanso y la ecuanimidad de una mente espontánea*. La ecuanimidad de una mente equilibrada es la que con esfuerzo puede mantener un equilibrio, pero en caso contrario aún está sujeta a verse interrumpida por la excitación sutil y el hundimiento. La ecuanimidad de una mente en descanso es capaz de concentrarse sobre su objeto sin tener que hacer gran esfuerzo para aplicar los remedios a la excitación y al hundimiento. En tercer lugar, la ecuanimidad de una mente espontánea ocurre cuando la mente está finalmente equilibrada en la concentración. Es un estado en el que incluso sin esfuerzo ya no aparecen ni la excitación ni el hundimiento definitivamente.

La no violencia

La no violencia es "un factor mental específico desprovisto de intención alguna de perjudicar, y tiene por función no soportar el dolor de los seres considerando: "Ojalá los seres conscientes estuvieran libres del sufrimiento".

La no violencia es equivalente a la compasión, el deseo puro de que los demás estén libres de sufrimiento. Además, actúa como fundamento contra la fuerte tendencia de faltar al respeto a los demás por medio de matar y herirlos, y también actúa por el deseo de beneficiar y proporcionar felicidad a los débiles.

Hay tres tipos de no violencia: *la compasión relativa a los seres conscientes, la compasión que se refiere a los fenómenos y la compasión que carece de referencia*. La compasión que se refiere a los seres conscientes es la que surge al ver criaturas esclavizadas al samsara por culpa de la fuerza de su aferramiento ignorante a un yo con existencia propia. La compasión relativa a los fenómenos es la que ocurre al ver la naturaleza transitoria, impermanente, de los seres conscientes. Finalmente, la compasión relativa a la no referencia es la que surge cuando uno ve que, aunque los seres conscientes parecen existir de modo intrínseco o esencial, de hecho, no existen de ese modo[59].

En la medida en que estos once factores mentales virtuosos nunca ocurren simultáneamente en una consciencia principal, nos podemos preguntar en qué momentos y bajo qué combinaciones ocurren. Podemos encontrar seis diferentes ocasiones en las que surgen:

> Cuando tenemos convicción, ocurre la fe.
> Cuando nos apartamos de lo malo, ocurren la
> consideración hacia uno mismo y la consideración hacia los de
> más.
> Al implicarnos en la virtud, ocurren el no apego,
> el no odio, la no ignorancia y el entusiasmo.
> Cuando nos vemos libres de apego por medios mundanos,
> ocurre la flexibilidad.

---

59 Ver Chandrakirti, *Entrar en el camino medio,* capítulos 4-5

Al liberarnos del apego por medios supramundanos,
ocurren la rectitud y la ecuanimidad
Cuando beneficiamos a los demás, ocurre la no
violencia.

9 Los factores no virtuosos

9 Los factores no virtuosos

Seguidamente consideraremos los factores perturbadores o *aflicciones* de la mente. Estos son los factores mentales que, al ser responsables de toda forma de sufrimiento y descontento que experimentamos, los consideramos negativos o insanos. Se caracterizan por ser factores mentales conceptuales que, al surgir en la mente, causan molestia e inquietud. En el caso del apego burdo, el odio y demás, su naturaleza molesta es bastante evidente. Pero nos podemos preguntar de qué modo aflicciones como la pereza o el hundimiento *alteran* la mente. Aunque no parecen tener esta propiedad cuando surgen en una mente no adiestrada, su cualidad molesta y destructiva se vuelve evidente cuando se producen en estados más elevados de la meditación de concentración.

Los factores perturbadores se clasifican en dos grupos: seis factores perturbadores raíz y veinte secundarios. Los factores perturbadores raíz actúan como base de todo conflicto emocional y distorsión intelectual y, subsiguientemente, dan paso a acciones contaminadas que nos propulsan hacia estados del ciclo de las existencias. Mientras estamos bajo su dominio nuestra existencia se vuelve una esclavitud en la que carecemos de la libertad para determinar nuestro propio destino. Los factores perturbadores secundarios (lit. *próximos*) se denominan de ese modo porque, por un lado, son aspectos o extensiones de los factores perturbadores raíz y, por el otro, porque ocurren dependiendo directamente de ellos.

Los factores perturbadores / aflictivos raíz

El apego

El apego es "un factor mental que, por su naturaleza, se enfoca en un *fenómeno contaminado*, tiene la función de exagerar desmedidamente su carácter atractivo y después procede a desearlo y a despertar un fuerte interés en él". Sirve de base para la producción continuada del descontento. Al actuar como su condición secundaria produce sufrimiento.

El apego se desarrolla a partir de ideas falsas que nos hacen concebir un objeto viéndolo más atractivo y agradable de lo que realmente es. Proyectamos una imagen falsa sobre él, nos aferramos a ella, ansiamos poseer el objeto aparentemente hermoso que nuestra propia imaginación ha embellecido. Dicho apego es una concepción errónea que puede surgir hacia cualquier objeto que parezca atractivo: el propio cuerpo, la riqueza, la posición social, así como el cuerpo y posesiones de los demás.

A menudo confundimos el apego con el amor y la compasión, aunque, en realidad, son del todo diferentes. El apego siempre está caracterizado por la tendencia a exagerar, mientras que el amor verdadero y la compasión se basan en una percepción no distorsionada de lo que es real. En sus objetivos también difieren muchísimo. Aunque el apego superficialmente puede adoptar el aspecto de desear beneficiar a los demás, es esencialmente egoísta –sólo se esfuerza para saciar los propios deseos–. El amor y la compasión, sin embargo, por naturaleza sólo están interesados en el bienestar de los demás, sin estar manchados por el interés propio. El resultado también es diferente: el apego resulta siempre en sufrimiento, mientras que el amor y la compasión sólo aumentan el bienestar. Podemos observarlo por nosotros mismos. Cuando nuestro amor aparente hacia alguien es tan solo apego egoísta, aunque al principio pueda parecer agradable, al final a menudo se transforma en desagrado y odio. El amor auténtico y la compasión no tienen la cualidad de cambiar de ese modo: al contrario, el sentimiento de cercanía y ternura que engendran sólo aumenta a medida que se desarrollan. También el amor y la compasión crecen, aunque no sea recíproco por lo que a su objeto se refiere. Están abnegadamente dedicados al bienestar de los demás. Debería notarse que el deseo genuino de llegar a la Iluminación o la liberación no es una forma de apego, sino una aspiración sana y realista.

El apego se puede clasificar según los tres reinos, es decir, el apego que pertenece a los reinos del deseo, de la forma y sin forma; o según el tiempo, es decir, el apego a volver a experimentar el sabor de lo que ya ha pasado, el apego en asegurar lo que es presente y el apego o el deseo de que ocurra algo en el futuro.

El odio / enfado

El odio[60] es "un factor mental que, en relación con uno de los tres objetos, agita la mente al ser incapaz de soportar el objeto, o pretende provocarle dolor". Su función es alterar y molestar a la mente e iniciar algún tipo de brutalidad.

Actúa como base para torturarse uno mismo y atormentar a los demás, y es condición secundaria para el incremento del sufrimiento y sus causas.

Cuando nos enfadamos o nos sentimos hostiles normalmente es a causa de uno de los tres objetos: la persona u objeto que nos perjudica, el sufrimiento que ocurre cuando nos perjudican o las razones por las que somos perjudicados.

Al igual que el apego exagera el atractivo de su objeto, el odio es una concepción errónea que exagera el aspecto desagradable de su objeto. Causa que veamos a ciertas personas o cosas como desagradables. El modo en que nos relacionamos unos con otros con frecuencia está teñido por la fabricación de imágenes subjetivas mentales que distorsionan por completo la realidad de la situación. Cuando nos encontramos bajo la influencia del apego, la gente y los objetos parecen artificialmente atractivos y hermosos, y cuando estamos bajo la influencia del odio aparecen artificialmente desagradables y feos. Estas dos distorsiones básicas solo hacen surgir frustración y desespero, y son el origen de todo conflicto: desde la pelea entre dos hormigas o la pelea entre un hombre y su esposa hasta las guerras a escala internacional. Cuando estamos alterados por un fuerte apego u odio, tendemos a pensar que las buenas o malas cualidades que vemos son propiedades intrínsecas del objeto, de ahí que nos impliquemos en intentar o bien poseerlo físicamente o herir y destruirlo. De hecho, estamos meramente siendo confundidos y engañados por nuestra propia imaginación, y por mucho que nos esforcemos en asegurar la felicidad sobre esta base, nunca tendremos éxito. Es esen-

---

60 El término tibetano se podría también traducir como *enfado*, *irritación*, *hostilidad* o *cólera*.

cial, por tanto, reconocer que la fuente de todo placer y dolor yace en el funcionamiento interno de nuestra mente.

Al clasificar el odio, podemos hablar de grado menor, medio y mayor, además de odio causado por el daño que nos han infligido a nosotros, a nuestros amigos o aquellos que están de nuestro lado. Además, hay una clasificación adicional al observar la segunda clasificación en términos de los tres tiempos, es decir, el odio causado por el dolor infligido en el pasado, por el daño infligido en el presente o por el daño que es posible que nos prodiguen en el futuro a nosotros, nuestros amigos, etc. Podemos pues distinguir nueve tipos de odio.

El orgullo

El orgullo es "un factor mental específico que, basándose en la visión de lo compuesto y transitorio que aprehende el yo o lo mío como intrínsecos, se aferra con fuerza a una imagen hinchada o superior de uno mismo". Su función es impedir el logro de cualquier virtud más elevada y causar que uno falte al respeto y menosprecie a los demás. Por tanto, dirige a situaciones indeseables y dolorosas.

La base del orgullo es la visión de lo compuesto y transitorio, es decir, una concepción errónea que aprehende los compuestos del cuerpo y de la mente como si fuesen intrínsecamente *yo* o *mío*. Dicha concepción exagerada hace surgir sentimientos de orgullo y de autoimportancia tales como "¡Mira lo sabio que soy!". Debido a este tipo de pensamientos se desarrolla una imagen muy hinchada de uno mismo y, como resultado, uno se vuelve muy engreído en la relación con los demás. Aunque este factor mental produce un sentido hinchado de superioridad personal, no es una superioridad real, sino tan solo una fabricación conceptual falsa.

Una vez surge el orgullo, automáticamente, provoca envidia hacia los superiores, competitividad con los iguales y arrogancia con los inferiores. Así, crea una atmósfera tensa y hostil. En búsquedas mundanas puede parecer una cualidad útil, pero en la práctica del Dharma solo es un obstáculo para nuestro desarrollo. En el Tíbet hay un proverbio que dice: "El agua del conocimiento nunca puede permanecer en el globo del orgullo". Esto significa que mientras mantengamos una imagen hinchada de nosotros mismos, será imposible aprender nada de los demás. Por el contrario, si cultivamos la humildad y deshinchamos la imagen que tenemos de nosotros mismos, será posible desarrollar todas las formas de virtud y conocimiento.

Según su causa el orgullo se puede dividir en siete tipos. Se dice de los tres primeros tipos de orgullo que *se orientan hacia lo material* puesto que se producen con respecto a la riqueza, la posición social y otros elementos similares.

1 *La condescendencia*

La condescendencia surge al compararse con aquellos que parecen tener menos que uno. Es el pensamiento que considera "Soy superior a los que tienen una posición social inferior y que son más pobres en conocimiento y riqueza que yo".

2 *La arrogancia*

La arrogancia surge en relación con los que son iguales a uno mismo. Considera: "Aunque puedan ser iguales a mí en posición social, etc., no obstante, por mis cualidades internas de la generosidad, moralidad, etc., soy superior a todos ellos".

3 *La impertinencia*

El orgullo extremo de la impertinencia tiene como objeto a aquellos que son superiores a uno y considera: "Incluso comparado con los que tienen una mayor riqueza, posición social y conocimiento, yo soy superior".

Las cuatro formas de orgullo restantes se presentan de este modo:

4 *El orgullo egocéntrico*[61]

Esta actitud engreída es un estado hinchado de mente resultante de imaginar que los agregados de cuerpo y mente son perfectos. Luego concibe con fuerza aquello que no es una persona con existencia esencial como tal, y aprehende aquello que no pertenece a dicha persona intrínseca como si le perteneciera.

61 El término tibetano se puede traducir en español como *presunción*.

5 *El orgullo de la vanidad*
Se explica del modo siguiente: las cualidades humanas negativas, es decir, todas las actividades que surgen del apego, el odio y la ignorancia, son contrarrestadas por las cualidades superiores de la absorción mental y la meditación. El orgullo de la vanidad es la actitud burda e hinchada de aquel que, sin haber logrado ninguna de dichas cualidades, está convencido de que las tiene.

6 *El orgullo pretencioso*
Este es un estado de mente hinchado que considera que uno es solo ligeramente inferior a otras personas que son, de hecho, muy superiores.

7 *El orgullo distorsionado*
Un ejemplo de orgullo distorsionado seria la actitud hinchada de una persona moralmente degenerada que considera que es moralmente correcta y virtuosa. Es distorsionada porque nos hace creer que estamos dotados con cualidades positivas de las que, en realidad, carecemos. Consiste también en considerar los propios defectos como cualidades (pensar que uno es un héroe cuando, en realidad, ha cometido numerosos crímenes)

La ignorancia
La ignorancia es "un factor perturbador que consiste en un estado de no conocimiento que se produce debido a la ausencia de claridad en la mente con respecto a la naturaleza de las cuatro nobles verdades, la ley de causa y efecto, las Tres Joyas y demás". Tiene la función de actuar como base y raíz para las demás aflicciones, así como para los actos contaminados y los estados de nacimiento que producen.

Por tanto, la ignorancia que se analiza aquí es la cualidad de la mente confusa y obtusa que nos impide conocer las cosas claramente. Actúa como base para la ignorancia que erróneamente concibe la persona con una cualidad esencial o intrínseca, pero es ligeramente distinta. Esta cualidad más específica de la ignorancia se abordará cuando tratemos la visión de lo compuesto y transitorio. En general hay dos tipos de ignorancia: confusión mental sobre la naturaleza última[62], es decir, la ignorancia que confunde la naturaleza de la persona, y la confusión mental sobre cosas como la ley de causa y efecto.

Los puntos de vista contaminados[63]

Un punto de vista contaminado o engañoso es "un estado de inteligencia perturbador o aflictivo que observa los agregados condicionados y los considera como un *yo* o *mío* autosuficiente, o, dependiendo directamente de dicha aprehensión como condición soberana, se adhiere a visiones que son totalmente erróneas".

Los puntos de vista contaminados tienen la función de actuar como base para todos los problemas engendrados por medio de los factores perturbadores o engaños aflictivos de la mente, además de todas las demás concepciones falsas y negativas. Hay muchos tipos de puntos de vista engañosos, pero aquí trataremos los cinco principales.

1 *La visión de lo compuesto y transitorio*

El punto de vista de lo compuesto y transitorio es "una inteligencia perturbadora o engañosa que basándose en los agregados psicofísicos, que constituyen el objeto referente, los concibe como *yo* o *mío* autosuficientes"[64]. Actúa como base para todo lo que es no virtuoso.

Este punto de vista erróneo se denomina así porque tiene como objeto el conjunto transitorio formado por el cuerpo, las sensaciones, los discernimientos, los factores composicionales y las consciencias principales. Debido a la confusión de la ignorancia los malinterpreta viéndolos como una persona con existencia propia, independiente de estos elementos. Alternativamente, los considera que son o bien la sustancia de una persona que existe por sí misma o los objetos que pertenecen a dicha persona con existencia propia. Se considera una forma de inteligencia, pero puesto que es un discernimiento distorsionado, tiene un carácter fundamentalmente alterador y no virtuoso.

62 Naturaleza última. Se denomina también *talidad*, *verdad última* o *realidad última*.

63 El término tibetano se puede traducir también como *visiones erróneas*.

64 Esta definición de la *visión de lo compuesto y transitorio* es aceptada por todas las escuelas budistas a excepción de la prasangika. Según los filósofos prasangika, esta visión se define como "una inteligencia aflictiva que tiene por objeto el *yo* y lo *mío* y los concibe como si fuesen establecidos de modo intrínseco, inherente o esencial".

Es debido a esta concepción falsa por lo que todos los seres ordinarios tienen el sentido de un *yo* independiente, autosuficiente. Está presente en todas las formas de existencia condicionada. En los animales es meramente un sentido instintivo de identidad, mientras que en el hombre con frecuencia es cultivado y justificado intelectualmente.

Es el factor mental clave que se debe reconocer y superar para obtener la liberación del samsara. No obstante, dicho proceso no es nada fácil, ya que requiere analizar en profundidad la manera en que de modo distorsionado concebimos que existimos. En primer lugar, tenemos que reconocer claramente ese *yo* falso que hemos asumido con fuerza que existe. Solo entonces podemos proceder de modo constructivo a penetrar en su irrealidad y reducir la obsesión instintiva de aferrarnos a él como algo real.

Esta visión puede ser de dos tipos: aprehender un *yo* autosuficiente y aprehender un *mío* autosuficiente.

Las visiones extremas

Un punto de vista extremo es "un estado aflictivo de la inteligencia que teniendo como objeto el *yo* y lo *mío* concebidos por la visión de lo compuesto y transitorio los considera de un modo eternalista o nihilista". Tiene la función de impedir encontrar el camino medio libre de extremos y de causar que uno dé la espalda al trabajo de establecer las causas para conseguir un renacimiento más elevado en el samsara y la liberación.

Una vez hemos aceptado el sentido del *yo* tal como nos lo presenta la visión de lo compuesto y transitorio podemos caer en dos extremos: el eternalismo y el nihilismo. El extremo del eternalismo es aquel en el que consideramos que nuestra identidad personal es esencialmente no cambiante e inmutable, que sobrevivirá a la muerte y continuará indefinidamente. El extremo del nihilismo es el punto de vista que considera que, aunque una identidad personal está presente ahora, en la muerte tanto ella como cualquier elemento de la consciencia cesarán por completo. En el budismo estos extremos se evitan, por un lado, negando la realidad de una persona independiente, intrínseca, y, por el otro, afirmando la continuidad momentánea de la consciencia.

Sostener como supremos los puntos de vista erróneos

Este factor es "un estado perturbador de la inteligencia que observa otros puntos de vista negativos o los agregados de cuerpo y mente en función de los que aparecen dichos puntos de vista y los considera supremos, especiales, principales o sagrados". Tiene la función de causar que incremente el apego a los puntos de vista contaminados, falsos.

Dicho punto de vista sería, por ejemplo, el pensamiento "No hay nada superior a creer en la existencia de una persona eterna e inmutable". Este tipo de pensamiento sólo exagera y refuerza nuestras opiniones falsas.

Sostener como supremas las conductas éticas erróneas

Un punto de vista que considera supremas las disciplinas espirituales o morales insatisfactorias es "un estado perturbador de la inteligencia que cree que la purificación de las negatividades mentales es posible por medio de prácticas ascéticas y códigos inferiores de éticas inspirados por puntos de vista erróneos". Actúa como base para no obtener los frutos de la liberación y otros, y para la obtención de resultados no deseados. Por ello causa que nos agotemos sin obtener ningún objetivo real alguno.

Estos puntos de vista erróneos se manifiestan cuando las personas se infligen un dolor físico tremendo esperando que así las tendencias insanas y personales sean purificadas. En algunas tradiciones religiosas se cree que privarse de nutrición o quemarse, por ejemplo, ayuda a obtener la liberación del sufrimiento. De hecho, tal y como el Buda descubrió, estos métodos son insuficientes para afectar a la raíz real de nuestros problemas y de nuestro descontento. Puesto que la fuente de toda esclavitud está en la mente, el sendero a la libertad es esencialmente de desarrollo mental y purificación.

Los puntos de vista erróneos, falsos

Un punto de vista erróneo es "un estado perturbador o aflictivo de inteligencia que niega la existencia de algo que, de hecho, existe". Actúa como base de toda conducta negativa.

Un ejemplo de un punto de vista falso es negar cualquier relación causal entre las acciones y sus resultados; o rehusar creer que la felicidad es resultado de la virtud y el sufrimiento resultado de la mala conducta; también negar la existencia de un estado de libertad del sufrimiento.

Además de los puntos de vista erróneos que niegan la existencia de algo existente también podemos mencionar puntos de vista erróneos que imputan existencia a aquello que es inexistente.

La duda contaminada o aflictiva

La duda aflictiva es "un estado indeciso y fluctuante de la mente que tiende hacia una conclusión incorrecta sobre puntos tan importantes como la ley de las acciones y sus resultados, las cuatro nobles verdades o las Tres Joyas".

Para que un estado de indecisión o duda se cuente como aflicción raíz o factor perturbador raíz debe obstruir el desarrollo de lo que es sano e inducir a un estado mental alterado. Tener dudas no es necesariamente negativo. A veces tener incertidumbre sobre la validez de ciertos puntos de vista erróneos pueden dirigir a un punto de vista más realista. La indecisión aflictiva sólo ocurre cuando el objeto de la duda es algo cuya aceptación es crucial y valiosa para el desarrollo espiritual de uno, como podría ser el caso de las Tres Joyas, por ejemplo. Esto no incluye el sentir indecisión sobre temas mundanos triviales. La indecisión nos impide obtener certidumbre firme sobre un punto particular, y así crea una mente vacilante y débil sin una base estable para una práctica de Dharma. Para superarla tenemos que probar el objeto de nuestra duda con discernimiento inteligente basado en un razonamiento lógico. Por medio de aplicarnos de este modo, podremos obtener un estado unipuntualizado de convicción libre de dudas u oscilaciones.

Finalmente, la manera y el orden en que estas aflicciones raíz surgen está claramente explicado por el Venerable Tsong Khapa en su *Gran Exposición de las Etapas del Sendero*

> Asumiendo que la ignorancia y el punto de vista de lo compuesto y transitorio son fenómenos distintos, es así: Supón que en una habitación tenuemente iluminada hay una cuerda rayada y al-

guien, incapaz de distinguir claramente que es una cuerda, la aprehende como una serpiente. De manera similar, en la oscuridad de la ignorancia, que nos impide ver claramente la verdadera naturaleza de nuestros agregados, el punto de vista de lo compuesto y transitorio confunde los agregados con una persona intrínseca. De ahí, de estos dos factores mentales, se producen el resto de los factores perturbadores o aflicciones mentales. Pero si consideramos que la ignorancia y el punto de vista de lo compuesto y transitorio son lo mismo, entonces el punto de vista de lo compuesto y transitorio sería la raíz de (todas) las aflicciones.

Además, una vez el punto de vista de lo compuesto y transitorio ha establecido el sentimiento de un yo intrínseco, seguidamente nos discernimos a nosotros y a los demás como *intrínsecamente* diferentes. Tras dicho discernimiento desarrollamos *apego* hacia nuestro propio lado, *odio* hacia el de los demás y, con respecto a nuestra propia identidad personal, *orgullo*. Subsiguientemente nos concebimos bien como entes *eternos* o como *sujetos a la aniquilación*. Después empezamos a considerar como supremos dichos puntos de vista sobre la identidad personal, así como las formas insatisfactorias de comportamiento relativos a esos puntos de vista.

De manera similar, nos volvemos propensos a nutrir los puntos de vista erróneos que piensan: "Cosas como el maestro que predica la ausencia de existencia intrínseca, además de lo que ha enseñado sobre las acciones y sus resultados, las cuatro nobles verdades y las Tres Joyas son inexistentes". Alternativamente podemos desarrollar indecisión pensando: "¿Existen dichas cosas?, ¿son verdaderas o no?".

Factores perturbadores / aflictivos secundarios

Puesto que los veinte factores mentales derivan de los factores perturbadores raíz, en particular de los tres venenos mentales –el apego, el odio y la ignorancia–, aquí los agruparemos según su origen[65]. Aunque cuando nos enfrentamos con una situación inmediata somos inconscientes a menudo del crecimiento y el surgimiento de

65 Tradicionalmente, las veinte aflicciones mentales secundarias se enumeran en el orden siguiente: cólera, rencor, disimulo, ira/animosidad, envidia, avaricia, hipocresía, falsedad, autocomplacencia, crueldad, falta de consideración hacia uno mismo, falta de consideración hacia los demás, pesadez, excitación mental, falta de fe, pereza, no rectitud, olvido, no vigilancia y distracción.

estos diversos factores mentales, actúan como funciones psicológicas que se comportan de su propio modo particular.

Los factores perturbadores derivados del odio

La cólera

La cólera es "un factor mental que, debido al incremento del odio, es un estado mental totalmente malicioso que desea causar dolor inmediato". Más *explosivo*, más breve y menos profundo que el odio, tiene la función de conectar directamente a la persona que tiene la intención de causar dolor con los medios para hacerlo. Como en el caso del odio se pueden distinguir tres o nueve formas.

El resentimiento

El resentimiento, el ánimo de venganza, es "un nudo en la mente que se aferra firmemente al recuerdo de tal o cual evento ocurrido en el pasado y, llegado el momento, tiene la intención de devolver el daño". Es la decisión de encontrar la ocasión para devolver el perjuicio. Es una base para que surja la impaciencia, y así lleva a cabo la función de producir repetidamente odio y el dolor de ser incapaz de soportar algo.

Los sentimientos vengativos son una forma profunda de odio que mantiene el resentimiento en un rincón de la mente sin, necesariamente, dejar que se manifieste externamente. De hecho, alguien puede ser muy agradable con nosotros, aunque sienta un fuerte resentimiento contra nosotros. La división del factor de la venganza es igual a la del factor de la cólera.

La ira/animadversión[66]

La ira o animadversión es "un factor mental que viene precedido de la cólera o el resentimiento y que es resultado del odio o aversión. Nos motiva a pronunciar palabras duras cuando los demás nos vuelcan sus reproches". Actúa como una base para acumular acciones insanas por medio de la palabra y causa que la felicidad mental personal y la de los demás se destruya.

---

66 El término tibetano se puede igualmente traducir como *agresividad*.

Hay tres formas de animosidad: la intención de decir palabras duras y de enfado a alguien igual, inferior o superior a uno mismo.

La envidia

La envidia es "un factor mental que, debido al apego por el respeto, la ganancia material y otras cosas, es incapaz de soportar la felicidad ajena". Por ello reporta una profunda agitación mental. Sirve de base para el surgimiento inmediato de infelicidad en la mente y tiene la función de causar la desaparición de todo lo que favorece nuestro bienestar.

A menudo la envidia contiene un elemento de temor. Por ejemplo, si uno ve que alguien puede estar a punto de obtener una posición que uno anhelaba con locura, deseoso de la posición y temeroso de no poder obtenerla, uno empieza a sentir desagrado hacia la persona que parece ser la causa del problema, e incluso llega a odiarla.

Hay dos tipos de envidia: la que surge en relación con las posesiones materiales y la que surge al ver las cualidades y perfecciones de los demás, como el saber, la posición social, la fama...

La maldad / crueldad

La crueldad es "un factor mental que, con una intención maliciosa desprovista de cualquier compasión o amabilidad, desea menospreciar y no tener en cuenta a los demás". Tiene la función de a) perjudicar las buenas cualidades propias y las de los demás, b) actuar como base para la agitación y c) físicamente perjudicar las vidas ajenas.

La crueldad generalmente surge hacia aquellos que consideramos inferiores a nosotros. Puede adoptar la forma de causar perjuicio físico a los demás, o, simplemente movidos por el resentimiento, ignorar a aquellos que nos preguntan.

Hay tres formas de crueldad: no ser amable con los demás personalmente con el deseo de despreciarlos y atormentarlos; no ser amable causando que los demás hagan lo mismo, y no ser amable por medio de regocijarse cuando se ve o escucha las bromas o el hostigamiento que se inflige a los demás.

Los factores perturbadores/aflictivos derivados del apego

La avaricia

La avaricia es "un factor mental que, movido por el apego al respeto y a la ganancia material, se aferra con fuerza a sus posesiones sin desear darlas". Su función es estimar las posesiones propias sin permitir que disminuyan.

Este factor mental nos causa dolor siempre que surge la posibilidad de estar separado de lo que poseemos y consideramos preciado. Además de ocurrir en relación con objetos materiales, también se puede desarrollar con respecto a nuestra comprensión interna del Dharma. Es el mayor obstáculo para ser generosos con nuestras posesiones y para compartir nuestra comprensión con los demás. En el futuro es causa tanto de pobreza material como espiritual.

Hay dos tipos de avaricia: la intención de nunca dar nada y la intención de no dar algo temporalmente.

La autocomplacencia

La autocomplacencia es "un factor mental que, siendo consciente de las características de la buena fortuna que uno posee, tiene la función de hacer caer a la mente bajo su influencia produciendo un falso sentimiento de confianza". Tiene la función de servir de apoyo a todas las demás aflicciones, así como de interferir en el logro de cualquier cualidad elevada.

La autocomplacencia produce un falso sentimiento de arrogancia al considerar la superioridad de la raza a la que se pertenece, la apariencia física, el aprendizaje, la juventud o la autoridad sobre los demás. No obstante, no es necesariamente insano ser conscientes de las buenas cualidades que podamos tener. Lo que debemos evitar es sobrevalorarlas y engreídamente jactarse de ellas. Este factor mental es muy propenso a hacer surgir el orgullo.

La excitación / la dispersión[67]

La dispersión es "un factor mental que, por medio de la fuerza del apego, no deja que la mente se focalice únicamente sobre un objeto

---

67 El término tibetano correspondiente se puede traducir también como *excitación*.

virtuoso, sino que se dispersa de aquí para allá hacia muchos otros objetos". Su función principal es obstruir la permanencia apacible. También causa que la mente se implique en la fantasía y la frivolidad descontroladas.

Este factor mental nos acompaña a menudo, pero su presencia sólo se nota verdaderamente cuando empezamos a concentrar la mente en meditación. No todas las formas de distracción mental son causadas por la excitación, solo las que son producidas por el apego o el deseo hacia un objeto agradable contaminado. Hay dos tipos de excitación: uno burdo y otro sutil.

Los factores perturbadores/aflictivos derivados de la ignorancia

La ocultación

La ocultación es "un factor mental que desea esconder las propias faltas cuando otra persona, con una buena intención -libre de la aspiración insana, la ignorancia, el odio o el temor- nos las señala con el propósito de beneficiarnos". Su función directa es suscitar el remordimiento, y su función indirecta la de no permitir que el cuerpo y la mente permanezcan en paz.

La ocultación ocurre cuando alguien intenta ayudarnos sinceramente señalándonos cierta negatividad que podamos tener. En lugar de prestar atención a sus palabras las ignoramos, e inmediatamente intentamos olvidar lo que nos ha dicho. La ocultación no entraña que reaccionemos, necesariamente, de modo violento o negativamente hacia la otra persona, sino que, sencillamente, suprimimos cualquier manifestación o conocimiento de la falta que nos está describiendo. Superficialmente parece actuar como una defensa, pero cuanto más recurrimos a ello, más incomodidad sentimos en la mente.

Para todas las cualidades negativas existentes hay un número correspondiente de ocultaciones. Pero, en resumen, la ocultación puede ser entendida en términos de esconder a alguien algunas o todas nuestras faltas, además de esconderlas, temporal o permanentemente.

La pesadez

La pesadez es "un factor mental que, tras causar que la mente caiga en la oscuridad y se vuelva apática, no comprende su objeto claramente, tal y como es". Su función es hacer pesados e inflexibles el cuerpo y la mente, así como incrementar el adormecimiento y el hundimiento.

La pesadez no debería confundirse con el hundimiento. Este último sólo ocurre en los estados más avanzados en la meditación de la permanencia apacible y no es, necesariamente, una aflicción. Cuando el cuerpo y la mente están ligeros y alegres, el hundimiento se manifiesta como una disminución en la propia energía mental, de algún modo similar al aire que se escapa por un diminuto agujero en un globo. Hay dos tipos de pesadez: uno burdo y uno sutil.

La falta de fe

La falta de fe es "un factor mental que al causar no creer ni respetar lo que merece confianza –como la ley de las acciones y sus resultados– es lo completamente opuesto a la fe". Su función es actuar como base para la pereza y para que el poder de la fe disminuya. Además, provoca que uno no crea en lo que es positivo ni lo respete, ni tenga deseo hacia ello, cortando así las raíces de cualquier desarrollo beneficioso.

Hay dos formas de no fe: la que simplemente no ve la necesidad ni los frutos de la virtud y la que considera de modo erróneo la virtud, o la cree inexistente.

La pereza

La pereza es "un factor mental basado en la comodidad y el dormir dominado por la indolencia, o que, basándose en el placer de dejar que la mente divague enfocada en un objeto que ofrece felicidad temporal, no quiere hacer nada virtuoso o, aunque lo desee, este deseo es débil". Su función es causar que el poder del entusiasmo disminuya. Actúa como una base para la degeneración de las tendencias virtuosas ya acumuladas, así como para impedir cualquier producción fresca de virtud. Puesto que se apega a dormir, a la comodidad, a los placeres pasajeros, a las situaciones agradables, la pereza es un obstáculo para el adiestramiento virtuoso.

El entusiasmo elimina este factor mental negativo. Sus tres divisiones principales ya se han explicado al tratar el entusiasmo previamente. Sin embargo, además de estas divisiones podemos añadir tres más: 1) la pereza que, desde el principio, considera la práctica del Dharma como innecesaria; 2) la pereza de posponer: aunque uno comprende que puede practicar el Dharma considera que ahora no hay tiempo; y 3) la pereza destructiva: aunque uno ve la necesidad de practicar ahora, es atraído hacia la actividad insana.

El olvido[68]

El olvido es "un factor mental que, tras causar que se pierda la aprehensión de un objeto virtuoso, provoca que uno recuerde y preste atención a un objeto contaminado, apoyando así a la distracción". Su función es destruir el recipiente que contiene todas las cualidades sanas, y causar que el poder de la atención decline. De ese modo dirige a aprehender objetos que alteran la mente.

Aquí el olvido se refiere a un factor mental que, además de perder de vista lo que es sano, te arrastra hacia lo insano. No se corresponde con lo que normalmente comprendemos por "olvidar algo", es decir, el ser simplemente incapaz de retener la memoria de un objeto en la mente. De hecho, es una forma de atención o memoria[69] que altera la mente al implicarla en objetos contaminados. Esta forma negativa de olvido es un gran obstáculo para la realización de cualquier empresa, sea mundana o espiritual.

Hay dos aspectos del olvido: el que surge por la fuerza de tener poco claro un referente sano; y aquel que surge por medio de la fuerza de estar atentos a un referente alterador.

La no vigilancia[70]

La no vigilancia es "un factor mental que, al ser un estado aflictivo de inteligencia que no ha analizado o lo ha hecho de modo burdo, no es

---

68 El término tibetano correspondiente se puede traducir también como *memoria amoral.*

69 Esta es la razón por la cual este factor mental se puede traducir como *memoria amoral.*

70 El término tibetano es igualmente traducido como *no inteligencia* o *desconocimiento*, o incluso *inteligencia extraviada.*

plenamente consciente de la conducta del cuerpo, palabra y mente de uno, y así causa entrar en un estado de indiferencia descuidada". Su función es causar que el poder de la inteligencia decline y que las acciones negativas de cuerpo, palabra y mente aumenten. Obstaculiza también la producción de las cuatro fuerzas del antídoto: en ausencia de una vigilancia adecuada repetiremos los mismos errores, no se reconocerán las propias faltas y, en consecuencia, no se hará nada para purificarlas ni para evitarlas en el futuro.

Hablando en general, la no vigilancia se refiere a cualquier estado de inteligencia perturbadora, aflictiva. Además, cualquier estado mental que surge cuando uno no es plenamente consciente de la conducta de cuerpo, palabra y mente se dice que es una forma *aflictiva* de la inteligencia porque tiene la función de ser la causa misma de las caídas morales

Hay tres tipos de falta de vigilancia: la falta de vigilancia que acompaña a los puntos de vista contaminados; la falta de vigilancia que obstaculiza el desarrollo de la inteligencia analítica válida, y la falta de vigilancia que interrumpe la permanencia apacible. Estos tres tipos son, respectivamente, más y más sutiles.

Los factores perturbadores/aflictivos derivados del apego y la ignorancia

Hipocresía/Pretensión

La hipocresía o pretensión es "un factor mental que, a causa de un apego extremo al respeto y la ganancia material, con la intención de engañar a los demás, fabrica una cualidad particular excelente sobre uno mismo y luego desea hacerla evidente a los demás". Actúa como base para el establecimiento de una forma de vida incorrecta y como causa para que un monje sea derrotado por la falta de mentir. Esta es una de las cuatro grandes caídas que privan a alguien de mantenerse como un/a monje/a.

La hipocresía tiene dos aspectos: la que se produce a causa del apego y la que surge de la ignorancia.

Falsedad[71] */deshonestidad*

La falsedad es "un factor mental que, debido a estar excesivamente apegado a recibir respeto y ganancia material, desea confundir a los demás por medio de mantener escondidas las propias faltas". Su función es no dar una respuesta clara a preguntas, y causar una interferencia para obtener instrucciones perfectas ya que no se dan respuestas claras a las preguntas que se formulan.

Tanto la hipocresía como la falsedad son similares en desear provocar una falsa imagen a los demás. De hecho, impiden tener acceso a los buenos consejos de un guía espiritual, no solo en esta vida, sino también en las siguientes. Superficialmente parece que engañan y confunden a los demás, pero en realidad sólo engañan y confunden a uno mismo. Hace que crezca tu propia ignorancia.

Hay dos aspectos de la falsedad o deshonestidad: el que surge del apego y el que surge de la ignorancia.

El capítulo quinto, Proteger la vigilancia, de la *Guía a la forma de vida del bodhisatva* señala:

> Los budas y bodhisatvas dotados de la
> visión no obstruida me acompañan constantemente.
> Si me siento siempre en su presencia nacerá en mí
> Un sentimiento de consideración, temor y respeto,
> recordaré al Buda.

Los factores perturbadores derivados de los tres venenos mentales

Falta de consideración hacia uno mismo

La falta de consideración hacia uno mismo es "un factor mental que no evita los actos negativos que por razones de conciencia personal o por razón del Dharma debería evitar". Actúa como condición de apoyo de todos los factores perturbadores o aflicciones raíz y secundarias, y como base para destrozar la protección de los votos. Es lo opuesto al factor mental virtuoso de la consideración hacia uno mismo.

71 El término tibetano correspondiente es igualmente traducido como *deshon*estidad.

Hay dos tipos: falta de consideración que ocurre debido a una carencia de conciencia personal, y la que ocurre debido a una falta de respeto por el Dharma.

Falta de consideración hacia los demás

La falta de consideración hacia los demás es "un factor mental que, sin tener en cuenta a los demás o su práctica personal del Dharma, desea comportarse de modo negativo". Actúa como base para causar que los demás pierdan la fe en uno y para estar agitado. Con esta actitud uno no vacila en implicarse en faltas, sin refrenarse de ello teniendo en cuenta a los demás. La falta de consideración hacia los demás es una ausencia de respeto humano que proporciona una base para que los demás pierdan la confianza en uno y el respeto. Este factor perturbador tiene la función de provocar la degradación de una conducta pura.

Hay tres tipos de falta de consideración hacia los demás: la que nace del odio, la que nace del apego y la que nace de la ignorancia.

Una persona que carece tanto de consideración hacia uno mismo como de consideración por los demás no tiene sentimiento de refrenamiento en su conducta, y es conducido descontroladamente por la fuerza de las demás aflicciones; su actividad se vuelve la de un coche sin frenos.

La falta de rectitud

La falta de rectitud es "un factor mental que, al verse uno afectado por la pereza, desea actuar de manera desenfrenada sin cultivar la virtud o proteger la mente contra los fenómenos contaminados". Es una cualidad imputada a cualquiera de los tres venenos mentales cuando están acompañados por la pereza. Tiene la función de aumentar la no virtud y obstruir la virtud, así como causar que se destruya cualquier cualidad positiva individual. En resumen, contamina las cinco facultades[72].

72 Revisar el esquema de los *Cinco Senderos* y las *Diez Bases* en los anexos. Las *cinco facultades* son cualidades cultivadas de modo especial en los niveles *calor* y *cima* en el sendero de preparación. Se trata de las facultades de la fe, la atención, el entusiasmo, la concentración y la sabiduría. Cuando se cultivan en los niveles *paciencia* y *Dharma supremo* del sendero de preparación se denominan *cinco fuerzas*.

Según su función hay dos tipos de falta de rectitud: la que provoca negligencia mental y la que provoca negligencia física y mental.

La distracción

La distracción es "un factor mental que surge de los tres venenos y es incapaz de dirigir la mente hacia un objeto virtuoso, dispersándola hacia otros múltiples objetos". Causa que el poder de la concentración se deteriore y actúa como base para perder la atención en el objeto referido, tanto en la meditación analítica como de concentración. Es una cualidad imputada a un estado mental en que la mente ha sido apartada del objeto de la concentración por el apego, el odio y la ignorancia. Se clasifica en seis tipos de distracción. Los primeros cuatro se dice que son *distracciones en las que, por esencia, la mente no se mantiene fija*, y los dos últimos son formas de *distracciones "erróneas" aunque la mente se mantenga fija*.

1 *La distracción por naturaleza*

Esta es una cualidad propia de las cinco consciencias sensoriales de una persona ordinaria. Es así porque siempre que una consciencia sensorial se manifiesta durante la meditación, la mente ya no puede permanecer firmemente absorta en la concentración, sino que inmediatamente se transfiere a un objeto externo.

2 *La distracción externa*

Todos los estados mentales sanos en el reino del deseo, tales como aprender, reflexionar y otros, tienen esta cualidad. Surge siempre que la mente es incapaz de permanecer dirigida hacia un referente sano durante un periodo sostenido de tiempo y se va hacia objetos de deseo. En el reino del deseo, los estados sanos de mente están constantemente sujetos a verse dispersados de un objeto virtuoso a uno no virtuoso.

3 *La distracción interna*

La excitación y el hundimiento que ocurren durante el equilibrio meditativo, así como el ansia por el sabor de la absorción que ocurre mientras la concentración está siendo desarrollada, son ejemplos de distracción interna. Son denominados así porque constituyen obstáculos mayores para la persona que desarrolla la concentración. Son factores mentales perturbadores específicos que distraen a la mente bien sea del estado de equilibrio mental en sí, de la visión superior o de estados similares

4 *La distracción hacia los signos*
Es la distracción de un meditador que se esfuerza en la práctica y se dice: "Estaría bien que los demás creyesen que yo soy un gran meditador". Es denominada así puesto que dispersa la mente hacia el exterior interesado en que los demás crean en sus cualidades.

5 *La distracción por culpa de perturbaciones mentales*
Debido a los factores perturbadores mentales de la visión de lo compuesto y transitorio y el orgullo, la distracción de las perturbaciones mentales se produce cuando uno siente que su mente se implica en lo que es virtuoso. Uno está pagado de sí mismo debido a este sentimiento y se apega a él.

6 *La distracción atenta*
Decidir abandonar el cuarto estadio de absorción por uno de inferior de concentración, como la tercera etapa, o abandonar el mahayana por el hinayana, constituyen las denominadas distracciones de la atención porque, en primer lugar, rechazan algo superior y luego se implican con algo inferior.

Debería notarse que estos seis tipos no son todos necesariamente el factor mental perturbador secundario de la distracción. La distracción por naturaleza es un fenómeno inespecífico. Entre las últimas formas de distracción, ciertas pueden ser virtuosas. Solo las distracciones externas e internas son, realmente, factores perturbadores secundarios.

Conclusión

Cuando se ha comprendido la estructura de la mente, su funcionamiento y el papel de los factores mentales, lo esencial es saber cómo usar este conocimiento para convertirlo en un instrumento para dominar la propia mente.

Cuando sabes cómo identificar los factores perturbadores raíz y secundarios, tal como se ha explicado, observas continuadamente la mente, esté en el estado que esté, durante las sesiones de meditación y fuera de ellas, y cuando aparezcan factores negativos podrás entonces identificarlos y aplicar un antídoto apropiado para detenerlos. Esto es capital. Es el fundamento de toda práctica de Dharma. La *Guía a la forma de vida del bodhisatva* señala:

> La característica definitoria de la vigilancia de manera resumida es esta: examinar una y otra vez las acciones de cuerpo y mente.

Si caemos bajo el dominio de los factores perturbadores de la mente, es porque no los identificamos como tales. E incluso si los identificamos, los remedios que aplicamos y el esfuerzo que desplegamos siguen siendo débiles. Pero si generamos la fuerza poderosa de los antídotos, podrán ser definitivamente erradicados. Lama Tsongkhapa declara en el *Lamrim extenso*

> Una vez identificados los factores perturbadores mentales, meditar en sus desventajas y en los beneficios de estar libres de ellos, aplicando los medios de detección, la memoria atenta y la vigilancia, no importa los factores perturbadores que vengan a molestar, serán inmediatamente eliminados.
>
> En el instante en el que surja algún factor perturbador de la mente, es necesario acercarse a ellos, de inmediato, viéndolos como enemigos. Si no lo hacemos así, si en el instante en que aparecen aceptamos su presencia y los alimentamos con todo tipo de pensa-

mientos incorrectos, su potencia aumentará y se volverán imposibles de combatir, solo ellos serán los vencedores.

Resumiendo, es preciso actuar de acuerdo con las palabras del maestro kadampa Gueshe Gonpawa:

> ¿Qué otra cosa hay que hacer aparte de inspeccionar
> la mente día y noche?

Paralelamente, los factores mentales virtuosos como la fe, etc., deben ser cultivados en todos los instantes de la práctica del Dharma, comenzando con la manera correcta de consagrarse a un maestro espiritual. Se recuerdan en todas las prácticas de Dharma, y con la atención y la vigilancia, uno se aplicará en hacer aparecer aquellos que aún no hayan surgido. Y los que ya han surgido uno los fortalecerá. Es a esto a lo que uno debe consagrar sus esfuerzos.

Los estados mentales con los que uno se familiariza, sean los que sean, se volverán más y más poderosos y crecerán hasta el infinito porque esta es la naturaleza de la mente.

Anexos

Los cincuenta y un factores mentales

Español	Transliteración	Tibetano
Los cinco factores Omnipresentes	kun 'gro lnga	ཀུན་འགྲོ་ལྔ་
Sensación	tshor ba	ཚོར་བ་
Identificación/discernimiento	'du shes	འདུ་ཤེས་
Intención	sems pa	སེམས་པ་
Contacto	reg pa	རེག་པ་
Atención básica	yid la byed pa	ཡིད་ལ་བྱེད་པ་
Los cinco factores que determinan el objeto	yul nges lnga	ཡུལ་ངེས་ལྔ་
Aspiración	'dun pa	འདུན་པ་
Determinación/aprecio	mos pa	མོས་པ་
Atención/Memoria	dran pa	དྲན་པ་
Concentración	ting nge 'dzin	ཏིང་ངེ་འཛིན་
Sabiduría/Discernimiento	shes rab	ཤེས་རབ་
Los cuatro factores variables	bzhan 'gyur bzhi	གཞན་འགྱུར་བཞི་
Dormir/sueño	gnyid	གཉིད་
Arrepentimiento	'gyod pa	འགྱོད་པ་
Examen global	rtog pa	རྟོག་པ་
Investigación	[rnam par] dpyod pa	[རྣམ་པར་]དཔྱོད་པ་

Los once factores virtuosos	dge ba bcu gcig	དགེ་བ་བཅུ་གཅིག་
Fe/confianza	dad pa	དད་པ་
Consideración hacia uno mismo	ngo tsha shes pa	ངོ་ཚ་ཤེས་པ་
Consideración hacia los demás/Respeto humano	khrel yod pa	ཁྲེལ་ཡོད་པ་
No apego	ma chags pa	མ་ཆགས་པ་
No aversión	zhe sdang med pa	ཞེ་སྡང་མེད་པ་
No ignorancia	gti mug med pa	གཏི་མུག་མེད་པ་
Entusiasmo	brtson ‘grus	བརྩོན་འགྲུས་
Flexibilidad	shin [tu] sbyangs [pa]	ཤིན་[ཏུ་]སྦྱངས་[པ་]
Autodisciplina/rectitud	bag yod pa	བག་ཡོད་པ་
Ecuanimidad	btang snyoms	བཏང་སྙོམས་
No violencia/no maldad	rnam par mi ‘tshe ba	རྣམ་པར་མི་འཚེ་བ་

Los seis factores perturbadores raíz	rtsa [ba’i] nyon [mongs] drug	རྩ་[བའི་]ཉོན་[མོངས་]དྲུག་
Deseo/apego	‘dod chags	འདོད་ཆགས་
Odio/enfado	khong khro	ཁོང་ཁྲོ་
Orgullo	nga rgyal	ང་རྒྱལ་
Ignorancia	ma rig pa	མ་རིག་པ་
Visiones contaminadas	lta ba nyon mongs can	ལྟ་བ་ཉོན་མོངས་ཅན་
Duda contaminada	the tshom nyon mongs can	ཐེ་ཚོམ་ཉོན་མོངས་ཅན་

Los veinte factores perturbadores secundarios	dge ba bcu gcig	ཉེ་[བའི་]ཉོན་[མོངས་]ཉི་ཤུ
Cólera	khro ba	ཁྲོ་བ་
Resentimiento	khon [du] ‘dzin [pa]	ཁོན་[དུ་]འཛིན་[པ་]
Animosidad/ira	‘tshig pa	འཚིག་པ་
Envidia	phrag dog	ཕྲག་དོག་
Crueldad/maldad	rnam par tshe ba	རྣམ་པར་འཚེ་བ་
Avaricia	ser sna	སེར་སྣ་
Autocomplacencia	rgyags pa	རྒྱགས་པ་
Dispersión/excitación mental	rgod pa	རྒོད་པ་
Ocultación	‘chab pa	འཆབ་པ་
Pesadez	rmugs pa	རྨུགས་པ་
No fe	ma dad pa	མ་དད་པ་
Pereza	le lo	ལེ་ལོ་
Olvido	brjed nges [pa]	བརྗེད་ངས་[པ་]
No vigilancia	shes bzhin ma yin pa	ཤེས་བཞིན་མ་ཡིན་པ་
Hipocresía/pretensión	sgyu	སྒྱུ་
Falsedad/deshonestidad	g.yo	གཡོ་
Falta de consideración hacia uno mismo	ngo tsha med pa	ངོ་ཚ་མེད་པ་
Falta de consideración hacia los demás	khrel med pa	ཁྲེལ་མེད་པ་
Falta de rectitud	bag med pa	བག་མེད་པ་
Distracción	rnam par g.yeng ba	རྣམ་པར་གཡེང་བ་

Los cinco senderos y las diez bases del gran vehículo

Sendero de acumulación

1. Inferior
2. Intermedio
3. Superior

Sendero de preparación

1 Calor
2 Cima
3 Paciencia
4 Dharma supremo

Sendero de la visión

1 Primer nivel Alegría extrema

Sendero de la meditación

2	Segundo nivel.	Inmaculado
3	Tercer nivel.	Luminoso
4	Cuarto nivel.	Radiante
5	Quinto nivel.	Difícil de suprimir
6	Sexto nivel.	Evidencia
7	Séptimo nivel.	Alejado
8	Octavo nivel.	Inmovilidad
9	Noveno nivel.	Sabiduría excelente
10	Décimo nivel.	Nubes del Dharma

Sendero de no más aprendizaje (Estado de Buda)

Transliteración de términos sánscritos

Abhidharma	abhidharma
Ahimsa	ahiṃsā
Akshara	akṣara
Anumana	anumāna
Arya	ārya
Aryadeva	āryadeva
Asamskrta	asaṃskṛta
Asanga	asaṅga
Bodhichita	bodhicitta
Bodhisattva	bodhisattva
Bodhisattvacharyavatara	cāryāvatāra bodhisattva
Budha	buddha
Budha Shakyamuni	śākyamuni buddha
Chandrakirti	candrakīrti
Charvaka	cārvāka
Chittamatra	cittamātra
Dhashadharmakasutra	dhaśadharmakasūtra
Deva	deva
Dhammapada	dhammapada
Dharma	dharma (n)
Dharmata	dharmatā

Dharmakirti	dharmakīrti
Dhyana	dhyāna
Hinayana	hīnayāna
Jadarupa	jaḍarūpa
Jñana	jñāna
Karma	karman
Mahayana	mahāyāna
Madhyamakavatara	madhyamakāvatāra
Madhyamika	mādhyamika
Nagaryuna	nagārjuna
Nirvana	nirvāṇa
Paramathasatya	paramārthasatya
Paramita	pāramitā
Pramana	pramaṇa
Pramanavartikakarika	pramaṇavārtikakārikā
Prasangika	prāsaṇgika
Preta	preta
Samadhi	samādhi
Samatha	śamatha
Samkhya	sāṃkhya
Samsara	saṃsara
Samskara	saṃskāra
Samskrta	saṃskṛta

Sangha	saṃgha
Samvrtisatya	saṃvṛtisatya
Sautrantika	sautrāntika
Shantideva	śāntideva
Sutra	sūtra
Svatantrika	svātantrika
Tantra	tantra
Tathata	tathatā
Vaibhashika	vaibhāṣika
Vimoksha	vimokṣa
Vipasana	vipaśyanā
Viprayukta-samskara	viprayukta-saṃskāra
Yogacharia	yogācāra

Glosario castellano-tibetano

Español	Transliteración	Tibetano
A		
Absorción meditativa (skrt. *dhyana*)	bsam gtan	བསམ་གཏན་
Acción (skrt. *karman*)	las	ལས་
Acción meritoria	bsod nams kyi las	བསོད་ནམས་ཀྱི་ལས་
Acción negativa	mi dge ba'i las	མི་དགེ་བའི་ལས་
Acción no meritoria	bsod nams ma yin pa'i las	བསོད་ནམས་མ་ཡིན་པའི་ལས་
Acción positiva	dge ba'i las	དགེ་བའི་ལས་
Aferramiento	'dzin pa	འཛིན་པ་
Agregado	phung po	ཕུང་པོ་
Alegría, felicidad	bde ba	བདེ་བ་
Amor	byams pa	བྱམས་པ་
Animadversión/ira	'tshig pa	འཚིག་པ་
Apego (= deseo-apego)	chags pa (= 'dod chags)	ཆགས་པ་ (= འདོད་ཆགས་)
Aplicabilidad de la razón al sujeto	phyogs chos	ཕྱོགས་ཆོས་
Arrepentimiento	'gyod pa	འགྱོད་པ་
Arrogancia/orgullo	lhag pa'i nga rgyal	ལྷག་པའི་ང་རྒྱལ་
Aspecto	rnam pa	རྣམ་པ་
Aspiración	'dun pa	འདུན་པ་
Atención básica	yid la byed pa	ཡིད་ལ་བྱེད་པ་
Atracción hacia los actos negativos	ver *pereza*	
Autodisciplina/rectitud	bag yod pa	བག་ཡོད་པ་
Ausencia de respeto humano	khrel med pa	ཁྲེལ་མེད་པ་
Avaricia	ser sna	སེར་སྣ་
C		
Calma mental (skrt. *samatha*; lit. *Permanencia apacible*)	zhi gnas	ཞི་གནས་
Camino/Sendero de Preparación	sbyor lam	སྦྱོར་ལམ་
Camino de Preparación – calor	sbyor lam drod	སྦྱོར་ལམ་དྲོད་
Camino de Preparación – cima	sbyor lam rtse mo	སྦྱོར་ལམ་རྩེ་མོ་
Camino de Preparación – paciencia	sbyor lam bzod pa	སྦྱོར་ལམ་བཟོད་པ་

Camino de Preparación – supremo Dharma	sbyor lam chos mchog	སྦྱོར་ལམ་ཆོས་མཆོག
Carencia de existencia esencial o propia de la persona	gang zag gi bdag med	གང་ཟག་གི་བདག་མེད་
Carencia de existencia autoexistente sustancial, esencial, propia,	bdag med	བདག་མེད་
Categorización basada en el sentido etimológico	sgras brjod rigs kyi sgo nas dbye ba	སྒྲས་བརྗོད་རིགས་ཀྱི་སྒོ་ནས་དབྱེ་བ་
Causa secundaria	nyer len gyi rgyu	ཉེར་ལེན་གྱི་རྒྱུ་
Ciclo de las existencias condicionadas (skrt. *samsara*)	'khor ba	འཁོར་བ་
Cinco facultades	dbang po lnga	དབང་པོ་ལྔ་
Cinco fuerzas	stobs lnga	སྟོབས་ལྔ་
Cinco identidades comunes [a una consciencia principal y a sus factores mentales]	mtshungs ldan rnam pa lnga	མཚུངས་ལྡན་རྣམ་པ་ལྔ་
Claridad	gsal ba	གསལ་བ་
Clarividencia	mngon shes	མངོན་ཤེས་
Cognoscible (ver también *fenómeno*)	shes bya	ཤེས་བྱ་
Cólera	khro ba	ཁྲོ་བ་
Compasión	snying rje	སྙིང་རྗེ་
Compasión con respecto a los individuos	sems can la dmigs pa'i snying rje	སེམས་ཅན་ལ་དམིགས་པའི་སྙིང་རྗེ་
Compasión basándose en la no referencia	dmigs pa med pa la dmig pa'i snying rje	དམིགས་པ་མེད་པ་ལ་དམིག་པའི་སྙིང་རྗེ་
Compasión basándose en los fenómenos	chos la dmigs pa'i snying rje	ཆོས་ལ་དམིགས་པའི་སྙིང་རྗེ་
Comprender la función de la razón	rtags 'dzin sems	རྟགས་འཛིན་སེམས་
Comprensión (= percepción probada)	rtogs pa['i blo]	རྟོགས་པ[འི་བློ]
Concentración (skrt. *samadhi*)	ting nge 'dzin	ཏིང་ངེ་འཛིན་
Concentración (= absorción meditativa) supramundana	'jig rten las 'das pa'i bsam gtan	འཇིག་རྟེན་ལས་འདས་པའི་བསམ་གཏན་
Concepto	rtog pa	རྟོག་པ་
Conceptualización	zhen sa	ཞེན་ས་
Condescendencia	dman pa'i nga rgyal	དམན་པའི་ང་རྒྱལ་
Condición del objeto	dmigs rkyen	དམིགས་རྐྱེན་

Condición inmediata	de ma thag rkyen	དེ་མ་ཐག་རྐྱེན་
Condición secundaria	lhan cig byed rkyen	ལྷན་ཅིག་བྱེད་རྐྱེན་
Condición soberana	bdag rkyen	བདག་རྐྱེན་
Condición soberana común	thun mong ba'i bdag rkyen	ཐུན་མོང་བའི་བདག་རྐྱེན་
Condición soberana particular, no común	thun mong ma yin pa'i bdag rkyen	ཐུན་མོང་མ་ཡིན་པའི་བདག་རྐྱེན་
Consciencia (skrt. *jñana*; ver también *percepción*, *mente*)	shes pa	ཤེས་པ་
Consciencia auditiva (= percepción auditiva)	rna [ba'i rnam par] shes [pa]	རྣ་[བའི་རྣམ་པར་]ཤེས་[པ་]
Consciencia gustativa (= percepción gustativa)	lce['i rnam par] shes [pa]	ལྕེ[འི་རྣམ་པར་]ཤེས་[པ་]
Consciencia mental (= percepción mental)	yid [kyi rnam par] shes [pa]	ཡིད་[ཀྱི་རྣམ་པར་]ཤེས་[པ་]
Consciencia olfativa (= percepción olfativa)	sna['i rnam par] shes [pa]	སྣ[འི་རྣམ་པར་]ཤེས་[པ་]
Consciencia principal	gtso sems (= yid, rnam shes)	གཙོ་སེམས་(= ཡིད་ རྣམ་ཤེས་)
Consciencia sensorial (= percepción sensorial)	dbang shes	དབང་ཤེས་
Consciencia táctil (= percepción táctil)	lus [kyi rnam par] shes [pa]	ལུས་[ཀྱི་རྣམ་པར]་ཤེས་[པ]་
Consciencia visual (= percepción visual)	mig [gi rnam par] shes [pa]	མིག་[གི་རྣམ་པར་]ཤེས་[པ་]
Consideración por los demás/ respeto humano	khrel yod pa	ཁྲེལ་ཡོད་པ་
Consideración/Respeto por sí mismo	ngo tsha shes pa	ངོ་ཚ་ཤེས་པ་
Contacto	reg pa	རེག་པ་
Contraimplicación	ldog khyab	ལྡོག་ཁྱབ་
Creencia precaria justa	yid dpyod	ཡིད་དཔྱོད་
Creencia precaria justa basada en una razón no fundamentada	rgyu mtshan ma grub pa'i yid dpyod	རྒྱུ་མཚན་མ་གྲུབ་པའི་ཡིད་དཔྱོད་
Creencia precaria justa basada en una razón no concluyente	rgyu mtshan ma nges pa'i yid dpyod	རྒྱུ་མཚན་མ་ངེས་པའི་ཡིད་དཔྱོད་
Creencia precaria justa desprovista de razón	rgyu mtshan med pa'i yid dpyod	རྒྱུ་མཚན་མེད་པའི་ཡིད་དཔྱོད་

Creencia precaria justa en contradicción con la razón	rgyu mtshan dang 'gal ba'i yid dpyod	རྒྱུ་མཚན་དང་འགལ་བའི་ཡིད་དཔྱོད་
Creencia precaria justa en que la razón, aunque existente, no ha sido establecida	rgyu mtshan yod kyang gtan la ma bab pa'i yid dpyod	རྒྱུ་མཚན་ཡོད་ཀྱང་གཏན་ལ་མ་བབ་པའི་ཡིད་དཔྱོད་
Crueldad	rnam par 'tshe ba	རྣམ་པར་འཚེ་བ་
Cuatro fuerzas de purificación (lit. *Fuerzas del antídoto*)	gnyen po'i stobs bzhi	གཉེན་པོའི་སྟོབས་བཞི་
Cuatro nobles verdades	'phags pa'i bden pa bzhi	འཕགས་པའི་བདེན་པ་བཞི་
D		
Definición	mtshan nyid	མཚན་ཉིད་
Deseo	'dod pa	འདོད་པ་
Deseo-apego	ver *apego*	
Determinación (aprecio)	mos pa	མོས་པ་
Devaluarse uno mismo	ver *pereza*	
Discernimiento/identificación	'du shes	འདུ་ཤེས་
Discernimiento/identificación con signos	mtshan ma'i 'du shes	མཚན་མའི་འདུ་ཤེས་
Discernimiento/identificación de la nada	ci yang med pa'i 'du shes	ཅི་ཡང་མེད་པའི་འདུ་ཤེས་
Discernimiento/identificación infinita	tshad med 'du shes	ཚད་མེད་འདུ་ཤེས་
Discernimiento/identificación menor	chung ngu'i 'du shes	ཆུང་ངུའི་འདུ་ཤེས་
Discernimiento/identificación sin signos	mtshan ma med pa'i 'du shes	མཚན་མ་མེད་པའི་འདུ་ཤེས་
Discernimiento/identificación vasta	rgya che ba'i 'du shes	རྒྱ་ཆེ་བའི་འདུ་ཤེས་
Discernimiento perturbador	shes rab nyon mongs can	ཤེས་རབ་ཉོན་མོངས་ཅན་
Disciplina ética o moral	tsul khrims	ཚུལ་ཁྲིམས་
Discurso fiable (discurso válido, palabra válida)	ngag tshad ma	ངག་ཚད་མ་
Discurso válido	ver *discurso fiable*	
Distracción	rnam par g.yeng ba	རྣམ་པར་གཡེང་བ་
Distracción de la atención básica	yid la byed pa'i g.yeng ba	ཡིད་ལ་བྱེད་པའི་གཡེང་བ་
Distracción defectuosa aunque la mente se mantiene	sems gnas kyang skyon chags pa'i g.yeng ba	སེམས་གནས་ཀྱང་སྐྱོན་ཆགས་པའི་གཡེང་བ་
Distracción externa	phyi rol tu g.yeng ba	ཕྱི་རོལ་ཏུ་གཡེང་བ་

Distracción interna	nang gi g.yeng ba	ནང་གི་གཡེང་བ་
Distracción por las perturbaciones mentales	gnas ngan len gyi g.yeng ba	གནས་ངན་ལེན་གྱི་གཡེང་བ་
Distracción por naturaleza	ngo bo nyid kyi g.yeng ba	ངོ་བོ་ཉིད་ཀྱི་གཡེང་བ་
Distracción relativa a los signos	mtshan ma'i g.yeng ba	མཚན་མའི་གཡེང་བ་
Dormir	gnyid	གཉིད་
Duda	the tshom	ཐེ་ཚོམ་
Duda contaminada	the tshom nyon mongs can	ཐེ་ཚོམ་ཉོན་མོངས་ཅན་
Duda equilibrada	cha mnyam pa'i the tshom	ཆ་མཉམ་པའི་ཐེ་ཚོམ་
Duda que tiende hacia una conclusión falsa	don mi 'gyur gyi the tshom	དོན་མི་འགྱུར་གྱི་ཐེ་ཚོམ་
Duda que tiende hacia una conclusión justa	don 'gyur gyi the tshom	དོན་འགྱུར་གྱི་ཐེ་ཚོམ་
E		
Ecuanimidad	btang snyoms	བཏང་སྙོམས་
Ecuanimidad como elemento del agregado de las formaciones	'du byed btang snyoms	འདུ་བྱེད་བཏང་སྙོམས་
Ecuanimidad como sensación (sensación neutra)	tshor ba btang snyoms	ཚོར་བ་བཏང་སྙོམས་
Ecuanimidad de una mente distensa	sems rnal du 'dug pa'i btang snyoms	སེམས་རྣལ་དུ་འདུག་པའི་བཏང་སྙོམས་
Ecuanimidad de una mente en equilibrio	sems mnyam pa nyid kyi btang snyoms	སེམས་མཉམ་པ་ཉིད་ཀྱི་བཏང་སྙོམས་
Ecuanimidad de una mente espontánea	lhun gyis grub pa'i btang snyoms	ལྷུན་གྱིས་གྲུབ་པའི་བཏང་སྙོམས་
Ecuanimidad infinita	btang snyoms tshad med	བཏང་སྙོམས་ཚད་མེད་
Entusiasmo	brtson 'grus	བརྩོན་འགྲུས་
Entusiasmo de la armadura	go cha'i brtson 'grus	གོ་ཆའི་བརྩོན་འགྲུས་
Entusiasmo en la acción	sbyor ba'i brtson 'grus	སྦྱོར་བའི་བརྩོན་འགྲུས་
Entusiasmo insaciable	chog par mi 'dzin pa'i brtson 'grus (= chog mi shes pa'i brtson 'grus)	ཆོག་པར་མི་འཛིན་པའི་བརྩོན་འགྲུས་ (= ཆོག་མི་ཤེས་པའི་བརྩོན་འགྲུས་)
Entusiasmo irreversible	mi ldog pa'i brtson 'grus	མི་ལྡོག་པའི་བརྩོན་འགྲུས་
Entusiasmo que no se descorazona	mi 'gong pa'i brtson 'grus	མི་འགོང་པའི་བརྩོན་འགྲུས་

Envidia/celos	phrag dog	ཕྲག་དོག་
Esencia	ver *naturaleza*	
Especulación sobre el futuro	mngon 'dod kyi rtog pa	མངོན་འདོད་ཀྱི་རྟོག་པ་
Estado mental no perturbador de no conocimiento	nyon mongs can ma yin pa'i mi shes pa	ཉོན་མོངས་ཅན་མ་ཡིན་པའི་ མི་ཤེས་པ་
Estudio (lit. *entender*)	thos pa	ཐོས་པ་
Ética	ver *disciplina moral*	
Examen global	rtog pa	རྟོག་པ་
Existente, fenómeno existente	yod pa	ཡོད་པ་
Existente, eficiente	dngos po	དངོས་པོ་
Existente por características generales	sphyi mtshan	སྤྱི་མཚན་
Existente por características propias	rang mtshan	རང་མཚན་
Existencia condicionada	srid pa	སྲིད་པ་
Experiencia	myong ba	མྱོང་བ་
Extremo del eternalismo	rtag mtha'	རྟག་མཐའ་
Extremo del nihilismo	chad mtha'	ཆད་མཐའ་
F		
Factor mental	sems byung	སེམས་བྱུང་
Factor mental no virtuoso	mi dge ba'i sems byung	མི་དགེ་བའི་སེམས་བྱུང་
Factor perturbador [de la mente]	nyon mongs	ཉོན་མོངས་
Factor perturbador raíz	rtsa [ba'i] nyon [mongs]	རྩ་[བའི་]ཉོན་[མོངས་]
Factor perturbador secundario	nye [ba'i] nyon [mongs]	ཉེ་[བའི་]ཉོན་[མོངས་]
[Factores] omnipresentes [cinco]	kun 'gro [lnga]	ཀུན་འགྲོ་[ལྔ་]
[Factores] que determinan su objeto [cinco]	yul nges [lnga]	ཡུལ་ངེས་[ལྔ་]
[Factores] variables [cuatro]	gzhan 'gyur [bzhi]	གཞན་འགྱུར་[བཞི་]
[Factores] virtuosos [once]	dge ba [bcu gcig]	དགེ་བ་[བཅུ་གཅིག་]
Facultad sensorial (= sentidos)	dbang po	དབང་པོ་
Falible	ver *no fiable*	
Falsedad	g.yo	གཡོ་
Falta de cuidado (= no-vigilancia)	shes bzhin ma yin pa	ཤེས་བཞིན་མ་ཡིན་པ་
Falta de rectitud	bag med pa	བག་མེད་པ་
Fe	dad pa	དད་པ་

Fe de la convicción	yid ches kyi dad pa	ཡིད་ཆེས་ཀྱི་དད་པ་
Fe que admira	dang ba'i dad pa	དང་བའི་དད་པ་
Fe que aspira	mngon 'dod kyi dad pa	མངོན་འདོད་ཀྱི་དད་པ་
Fenómeno	chos	ཆོས་
Fenómeno compuesto (skrt. *samskrta-dharma* = fenómeno producido)	'dus byas kyi chos	འདུས་བྱས་ཀྱི་ཆོས་
Fenómeno compuesto disociado (skrt. *viprayukta-samskrta*)	ldan min 'du byed kyi chos	ལྡན་མིན་འདུ་བྱེད་ཀྱི་ཆོས་
Fenómeno contaminado	zag bcas kyi chos	ཟག་བཅས་ཀྱི་ཆོས་
Fenómeno no compuesto (skrt. *asamskrta-dharma* = fenómeno no producido)	'dus ma byas kyi chos	འདུས་མ་བྱས་ཀྱི་ཆོས་
Fenómeno no contaminado	zag med kyi chos	ཟག་མེད་ཀྱི་ཆོས་
Fenómeno no producido	ver *fenómeno no compuesto*	
Fenómeno físico	ver *materia*	
Fenómeno producido	ver *fenómeno compuesto*	
Fiable	mi slu ba	མི་སླུ་བ་
Flexibilidad	shin [tu] sbyangs [pa]	ཤིན་[ཏུ་]སྦྱངས་[པ་]
Forma	dbyibs	དབྱིབས་
Formación	'du byed	འདུ་བྱེད་
G		
Grupo de palabras	tshig	ཚིག
H		
Hipocresía	sgyu	སྒྱུ་
Hundimiento	bying ba	བྱིང་བ་
I		
Identidad de la duración	dus mtshungs pa	དུས་མཚུངས་པ་
Identidad de la sustancia	rdzas mtshungs pa	རྫས་མཚུངས་པ་
Identidad del aspecto	rnam pa mtshungs pa	རྣམ་པ་མཚུངས་པ་
Identidad del apoyo o base	rten mtshungs pa	རྟེན་མཚུངས་པ་
Identidad del objeto [referente]	dmigs pa mtshungs pa	དམིགས་པ་མཚུངས་པ་
Ignorancia	ma rig pa, gti mug, rmongs pa	མ་རིག་པ་ གཏི་མུག་ རྨོངས་པ་
Imagen mental	don spyi	དོན་སྤྱི་

Imagen mental empírica	don spyi	དོན་སྤྱི་
Imagen mental nominal	sgra spyi	སྒྲ་སྤྱི་
Impermanencia	mi rtag pa	མི་རྟག་པ་
Implicación [necesaria]	khyab pa	ཁྱབ་པ་
Implicación por la razón de la propiedad que hay que establecer o predicado	rjes khyab	རྗེས་ཁྱབ་
Individuo (=persona)	gang zag	གང་ཟག་
Individuo fiable (=individuo válido)	skyes bu tshad ma	སྐྱེས་བུ་ཚད་མ་
Individuo válido	ver *individuo fiable*	
Indolencia	ver *pereza*	
Inferencia (=percepción inferencial)	rjes dpag	རྗེས་དཔག་
Inferencia para otro	gzhan don rjes dpag	གཞན་དོན་རྗེས་དཔག་
Inferencia para uno mismo	rang don rjes dpag	རང་དོན་རྗེས་དཔག་
Inferencia válida (=percepción conceptual válida, percepción inferencial válida)	rjes dpag tshad ma	རྗེས་དཔག་ཚད་མ་
Inteligencia discernidora	blo gros	བློ་གྲོས་
Intención	sems pa	སེམས་པ་
Investigación	[rnam par] dpyod pa	[རྣམ་པར་]དཔྱོད་པ་
K		
Karma (skrt. *karman*; ver *acción*)	las	ལས་
Karma complementario	rdzogs byed kyi las	རྫོགས་བྱེད་ཀྱི་ལས་
Karma contaminado	zag bcas kyi las	ཟག་བཅས་ཀྱི་ལས་
Karma inmutable	mi g.yo ba'i las	མི་གཡོ་བའི་ལས་
Karma no contaminado	zag med kyi las	ཟག་མེད་ཀྱི་ལས་
Karma que proyecta	'phen byed kyi las	འཕེན་བྱེད་ཀྱི་ལས་
L		
Letra	yi ge	ཡི་གེ་
Liberación [del ciclo de las existencias condicionadas] (skrt. *vimoksha*; ver también *más allá del sufrimiento*)	thar pa	ཐར་པ་
M		
Más allá del sufrimiento (skrt. *nirvana*; ver *liberación*)	mya ngan las 'das pa	མྱ་ངན་ལས་འདས་པ་

Materia (skrt. *jadarupa*; = fenómeno físico)	gzugs, bem po	གཟུགས་ བེམ་པོ་
Meditación	sgom	སྒོམ་
Memoria, memoria atenta (= recuerdos)	dran pa	དྲན་པ་
Mente	blo	བློ་
Mundo de la forma	gzugs [kyi] khams	གཟུགས་[ཀྱི་]ཁམས་
Mundo del deseo	'dod [pa'i] khams	འདོད་[པའི་]ཁམས་
Mundo sin forma	gzugs med [kyi] khams	གཟུགས་མེད་[ཀྱི་]ཁམས་
N		
Naturaleza	rang bzhin, ngo bo, bdag nyid	རང་བཞིན་ ངོ་བོ་ བདག་ཉིད་
Naturaleza aprehendida	gzhal bya'i bdag nyid	གཞལ་བྱའི་བདག་ཉིད་
Naturaleza última	ver *talidad*	
Neutra [sensación]	ver *ecuanimidad*	
Neutro [fenómeno ético]	lung ma bstan gyi chos	ལུང་མ་བསྟན་གྱི་ཆོས་
Nirvana (skrt. *nirvana*)	ver *más allá del sufrimiento*	
No apego	ma chags pa	མ་ཆགས་པ་
No aversion	zhe sdang med pa	ཞེ་སྡང་མེད་པ་
No consideración hacia uno mismo	ngo tsha med pa	ངོ་ཚ་མེད་པ་
No crueldad	rnam par mi 'tshe ba	རྣམ་པར་མི་འཚེ་བ་
No existente	med pa	མེད་པ་
No fe	ma dad pa	མ་དད་པ་
No fiable (= falible)	slu ba	སླུ་བ་
No ignorancia	gti mug med pa	གཏི་མུག་མེད་པ་
No vigilancia	ver *falta de consideración*	
O		
Objeto	yul	ཡུལ་
Objeto aprehendido (lit. *Objeto según el modo en que se aprehende*)	'dzin stangs kyi yul	འཛིན་སྟངས་ཀྱི་ཡུལ་
Objeto que aparece	snang yul	སྣང་ཡུལ་
Objeto escondido	lkog 'gyur	ལྐོག་འགྱུར་
Objeto concebido	zhen yul	ཞེན་ཡུལ་
Objeto evidente	mngon 'gyur	མངོན་འགྱུར་

Objeto extremadamente escondido	shin tu lkog gyur	ཤིན་ཏུ་ལྐོག་གྱུར་
Objeto inmediato	dngos yul	དངོས་ཡུལ་
Objeto implícito	shugs yul	ཤུགས་ཡུལ་
Objeto ligeramente escondido	cung zad lkog gyur	ཅུང་ཟད་ལྐོག་གྱུར་
Objeto principal	'jug yul	འཇུག་ཡུལ་
Objeto referente (lit. *objeto de focalización* u *objeto observado*)	dmigs yul	དམིགས་ཡུལ་
Objeto aprehendido	bzung yul	བཟུང་ཡུལ་
Odio (aversión)	khong khro	ཁོང་ཁྲོ་
Olor	dri	དྲི་
Omnisciencia	rnam mkhyen	རྣམ་མཁྱེན་
Órgano sensorial [físico]	dbang po gzugs can pa	དབང་པོ་གཟུགས་ཅན་པ་
Orgullo	nga rgyal	ང་རྒྱལ་
Orgullo distorsionado, erróneo	log pa'i nga rgyal	ལོག་པའི་ང་རྒྱལ་
Olvido	brjed nges [pa]	བརྗེད་ངེས་[པ་]
Orgullo impertinente	nga rgyal las kyang nga rgyal	ང་རྒྱལ་ལས་ཀྱང་ང་རྒྱལ་
P		
Pereza	le lo	ལེ་ལོ་
Pereza de la atracción hacia las acciones negativas	bya ba ngan pa la zhen pa'i le lo	བྱ་བ་ངན་པ་ལ་ཞེན་པའི་ལེ་ལོ་
Pereza de la indolencia	snyom las kyi le lo	སྙོམ་ལས་ཀྱི་ལེ་ལོ་
Pereza de la desvalorización de uno mismo	sgyid lug pa'i le lo	སྒྱིད་ལུག་པའི་ལེ་ལོ་
Perfecto interlocutor	phyi rgol yang dag	ཕྱི་རྒོལ་ཡང་དག་
Palabra válida	ver *discurso válido*	
Paciencia	bzod pa	བཟོད་པ་
Percepción	rig pa	རིག་པ་
Percepción auditiva	ver *consciencia auditiva*	
Percepción autoconsciente	rang rig	རང་རིག་
Percepción conceptual (ver también *percepción representativa*)	rtog bcas kyi blo	རྟོག་བཅས་ཀྱི་བློ་
Percepción conceptual conforme a la realidad	rtog pa don mthun	རྟོག་པ་དོན་མཐུན་
Percepción conceptual no conforme a la realidad	rtog pa don mi mthun	རྟོག་པ་དོན་མི་མཐུན་

Percepción conceptual que confiere un sentido	don sbyor rtog pa	དོན་སྦྱོར་རྟོག་པ་
Percepción conceptual que confiere un nombre	ming sbyor rtog pa	མིང་སྦྱོར་རྟོག་པ་
Percepción conceptual válida	ver *inferencia válida*	
Percepción conforme a la realidad	blo don mthun	བློ་དོན་མཐུན་
Percepción directa	blo mngon sum	བློ་མངོན་སུམ་
Percepción directa autoconsciente	rang rig mngon sum	རང་རིག་མངོན་སུམ
Percepción directa fuente de inexactitud	mngon sum 'khrul rgyu can	མངོན་སུམ་འཁྲུལ་རྒྱུ་ཅན་
Percepción directa mental	yid kyi mngon sum	ཡིད་ཀྱི་མངོན་སུམ་
Percepción directa no focalizada	mngon sum yid ma btad	མངོན་སུམ་ཡིད་མ་བཏད་
Percepción directa primera	mngon sum dang po ba	མངོན་སུམ་དང་པོ་བ་
Percepción directa sensorial	dbang po'i mngon sum	དབང་པོའི་མངོན་སུམ་
Percepción directa válida	mngon sum gyi tshad ma	མངོན་སུམ་གྱི་ཚད་མ་
Percepción directa válida autoconsciente	rang rig mngon sum gyi tshad ma	རང་རིག་མངོན་སུམ་གྱི་ཚད་མ་
Percepción directa válida mental	yid kyi mngon sum gyi tshad ma	ཡིད་ཀྱི་མངོན་སུམ་གྱི་ཚད་མ་
Percepción directa válida sensorial	dbang po'i mngon sum gyi tshad ma	དབང་པོའི་མངོན་སུམ་གྱི་ཚད་མ་
Percepción directa válida sensorial en la que aparece el ejercicio de una función	don byed snang can gyi dbang mngon gyi tshad ma	དོན་བྱེད་སྣང་ཅན་གྱི་དབང་མངོན་གྱི་ཚད་མ་
Percepción directa válida sensorial de un objeto familiar	don goms pa can gyi dbang mngon gyi tshad ma	དོན་གོམས་པ་ཅན་གྱི་དབང་མངོན་གྱི་ཚད་མ་
Percepción directa válida yóguica	rnal 'byor mngon sum gyi tshad ma	རྣལ་འབྱོར་མངོན་སུམ་གྱི་ཚད་མ་
Percepción directa yóguica	rnal 'byor mngon sum	རྣལ་འབྱོར་མངོན་སུམ་
Percepción onírica	rmi lam gyi shes pa	རྨི་ལམ་གྱི་ཤེས་པ་
Percepción exacta	ma 'khrul ba'i shes pa	མ་འཁྲུལ་བའི་ཤེས་པ་
Percepción falsa	log shes	ལོག་ཤེས་
Percepción falsa conceptual	rtog pa log shes	རྟོག་པ་ལོག་ཤེས་
Percepción falsa no conceptual	rtog med log shes	རྟོག་མེད་ལོག་ཤེས་
Percepción falsa no conceptual mental	rtog med log shes su gyur pa'i yid shes	རྟོག་མེད་ལོག་ཤེས་སུ་གྱུར་པའི་ཡིད་ཤེས་

Percepción falsa no conceptual sensorial	rtog med log shes su gyur pa'i dbang shes	རྟོག་མེད་ལོག་ཤེས་སུ་གྱུར་པའི་དབང་ཤེས་
Percepción [falsa no conceptual] sensorial en la que el origen del error se encuentra en la condición inmediata	'khrul rgyu de ma thag rkyen la yod pa'i dbang shes	འཁྲུལ་རྒྱུ་དེ་མ་ཐག་རྐྱེན་ལ་ཡོད་པའི་དབང་ཤེས་
Percepción [falsa no conceptual] sensorial en la que el origen del error se encuentra en el objeto	'khrul rgyu yul la yod pa'i dbang shes	འཁྲུལ་རྒྱུ་ཡུལ་ལ་ཡོད་པའི་དབང་ཤེས་
Percepción [falsa no conceptual] sensorial en la que el origen del error se encuentra en la situación	'khrul rgyu gnas la yod pa'i dbang shes	འཁྲུལ་རྒྱུ་གནས་ལ་ཡོད་པའི་དབང་ཤེས་
Percepción [falsa no conceptual] sensorial en la que el origen del error se encuentra en la base (el órgano sensorial)	'khrul rgyu rten la yod pa'i dgang shes	འཁྲུལ་རྒྱུ་རྟེན་ལ་ཡོད་པའི་དབང་ཤེས་
Percepción fiable	mi slu ba'i shes pa	མི་སླུ་བའི་ཤེས་པ་
Percepción gustativa	ver *consciencia gustativa*	
Percepción hetero-consciente	gzhan rig	གཞན་རིག་
Percepción inatenta, inconsciente (lit. *percepción incierta a pesar de la aparición del objeto*)	snang la ma nges pa'i blo	སྣང་ལ་མ་ངེས་པའི་བློ
Percepción inexacta	'khrul [ba'i] shes [pa]	འཁྲུལ་[བའི་]ཤེས་[པ་]
Percepción inferencial	ver *inferencia*	
Percepción inferencial de confianza	yid ched kyi rjes dpag	ཡིད་ཆེད་ཀྱི་རྗེས་དཔག་
Percepción inferencial de convención corriente	grags pa'i rjes dpag	གྲགས་པའི་རྗེས་དཔག་
Percepción inferencial por la fuerza de las cosas	dngos stobs kyi rjes dpag	དངོས་སྟོབས་ཀྱི་རྗེས་དཔག་
Percepción inferencial válida	ver *inferencia válida*	
Percepción mental	ver *consciencia mental*	
Percepción no conceptual	rtog med kyi blo	རྟོག་མེད་ཀྱི་བློ
Percepción no conceptual exacta	rtog med ma 'khrul ba'i shes pa	རྟོག་མེད་མ་འཁྲུལ་བའི་ཤེས་པ་
Percepción no conceptual inexacta	rtog med 'khrul shes	རྟོག་མེད་འཁྲུལ་ཤེས་
Percepción no conceptual falsa	rtog med log shes	རྟོག་མེད་ལོག་ཤེས
Percepción no conceptual mental	rtog med yid shes	རྟོག་མེད་ཡིད་ཤེས
Percepción no conceptual sensorial	rtog med dbang shes	རྟོག་མེད་དབང་ཤེས་
Percepción no conforme a la realidad	blo don mi mthun	བློ་དོན་མི་མཐུན་

Factores mentales 13

Percepción no válida	tshad min kyi blo	ཚད་མིན་གྱི་བློ་
Percepción olfativa	ver *consciencia olfativa*	
Percepción probada/establecida	ver *comprensión*	
Percepción probada directa	mngon sum du rtogs pa	མངོན་སུམ་དུ་རྟོགས་པ་
Percepción probada inmediata	ngos su rtogs pa	ངོས་སུ་རྟོགས་པ་
Percepción probada implícita	shugs la rtogs pa	ཤུགས་ལ་རྟོགས་པ་
Percepción representativa (ver también *percepción conceptual*)	zhen rig	ཞེན་རིག་
Percepción sensorial	ver *consciencia sensorial*	
Percepción subsiguiente	bcad shes	བཅད་ཤེས་
Percepción subsiguiente conceptual	rtog pa bcad shes	རྟོག་པ་བཅད་ཤེས
Percepción subsiguiente no conceptual	rtog med bcad shes	རྟོག་མེད་བཅད་ཤེས་
Percepción táctil	ver *consciencia del tacto*	
Percepción válida (skrt. *pramana*)	tshad ma	ཚད་མ
Percepción válida autoestablecedora	rang las nges kyi tshad ma	རང་ལས་ངེས་ཀྱི་ཚད་མ
Percepción válida autoestablecedora en cuanto a lo que aparece pero no lo que establece en cuanto a la realidad	snang ba rang las nges zhing bden pa gzhan las nges kyi tshad ma	སྣང་བ་རང་ལས་ངེས་ཞིང་བདེན་པ་ གཞན་ལས་ངེས་ཀྱི་ཚད་མ་
Percepción válida autoestablecedora en cuanto al carácter genérico del objeto pero no autoestablecedora en cuanto a su carácter específico	spyi rang las nges shing khyad par gzhan las nges kyi tshad ma	སྤྱི་རང་ལས་ངེས་ཁྱད་པར་ གཞན་ལས་ངེས་ཀྱི་ཚད་མ་
Percepción válida no autoestablecedora	gzhan las nges kyi tshad ma	གཞན་ལས་ངེས་ཀྱི་ཚད་མ་
Percepción valida no autoestablecedora a pesar de la aparición del objeto	snang ba nyid kyang gzhanlas nges kyi tshad ma	སྣང་བ་ཉིད་ཀྱང་གཞན་ལས་ངེས་ཀྱི་ ཚད་མ་
Percepción visual	ver *consciencia visual*	
Persona	ver *individuo*	
Pesadez	rmugs pa	རྨུགས་པ་
Pretensión	cung zad snyam pa'i nga rgyal	ཅུང་ཟད་སྙམ་པའི་ང་རྒྱལ་
Prueba verbal	sgrub ngag	སྒྲུབ་ངག་
R		
Razón convencional corriente	grags pa'i rtags	གྲགས་པའི་རྟགས་
Razón de confianza	yid ched kyi rtags	ཡིད་ཆེད་ཀྱི་རྟགས

Razón de la fuerza de las cosas	dngos stobs kyi rtags	དངོས་སྟོབས་ཀྱི་རྟགས་
Razón perfecta	rtags yang dag	རྟགས་ཡང་དག་
Realidad última (skrt. *dharmata*)	chos nyid	ཆོས་ཉིད་
Recuerdo	ver *memoria*	
Reflexión	bsam pa	བསམ་པ་
Relación	'brel ba	འབྲེལ་བ་
Relación causal	de 'byung 'brel	དེ་འབྱུང་འབྲེལ་
Relación natural	bdag gcig 'brel	བདག་གཅིག་འབྲེལ་
Resentimiento	khon [du] 'dzin [pa]	ཁོན་[དུ་]འཛིན་[པ་]
S		
Sabiduría	shes rab	ཤེས་རབ་
Sabiduría	ver *inteligencia discernidora*	
Sabiduría innata	skyes thob gyi shes rab	སྐྱེས་ཐོབ་ཀྱི་ཤེས་རབ་
Sabiduría que surge de la meditación	sgom byung gi shes rab	སྒོམ་བྱུང་གི་ཤེས་རབ་
Sabiduría que surge de la reflexión	bsam byung gi shes rab	བསམ་བྱུང་གི་ཤེས་རབ་
Sabiduría que surge del estudio	thos byung gi shes rab	ཐོས་བྱུང་གི་ཤེས་རབ་
Samadhi (skrt. *samadhi*)	ver *concentración*	
[Samadhi de la] unión de la permanencia apacible y la visión superior	zhi lhag zung 'brel gyi ting nge 'dzin	ཞི་ལྷག་ཟུང་འབྲེལ་གྱི་ཏིང་ངེ་འཛིན་
Samsara (skrt. *samsara*)	ver *ciclo de las existencias condicionadas*	
Salvador	ro	རོ་
Sentido	ver *facultad sensorial*	
Sentido etimológico	sgra bshad	སྒྲ་བཤད་
Sentido del gusto	lce'i dbang po	ལྕེའི་དབང་པོ་
Sentido del olfato	sna'i dbang po	སྣའི་དབང་པོ་
Sentido del oído	rna ba'i dbang po	རྣ་བའི་དབང་པོ་
Sentido de la vista	mig gi dbang po	མིག་གི་དབང་པོ་
Sentido del tacto	lus kyi dbang po	ལུས་ཀྱི་དབང་པོ་
Sentido mental	yid kyi dbang po	ཡིད་ཀྱི་དབང་པོ་
Sensación	tshor ba	ཚོར་བ་
Siete categorías de las percepciones	blo rigs bdun	བློ་རིགས་བདུན་
Sonido	sgra	སྒྲ་

Sonido significativo	brjod byed kyi sgra	བརྗོད་བྱེད་ཀྱི་སྒྲ་
Soñar	rmi lam	རྨི་ལམ་
Sufrimiento	sdug bsngal	སྡུག་བསྔལ་
Sustancia	rzas	རྫས་
Soberbia/arrogancia	rgyags pa	རྒྱགས་པ་
Sujeto (lit. *Poseedor del objeto*)	yul can	ཡུལ་ཅན་
Sobreestimación de las visiones	lta ba mchog 'dzin	ལྟ་བ་མཆོག་འཛིན་
T		
Talidad	ver *talidad, naturaleza última*	
Talidad (skrt. *tathata*; = lo que es, naturaleza última; ver también *verdad última, realidad última*)	de bzhin nyid (= de kho na nyid)	དེ་བཞིན་ཉིད་ (= དེ་ཁོ་ན་ཉིད་)
Término	ming	མིང་
Término convenido	btags ming	བཏགས་མིང་
Término real	dngos ming	དངོས་མིང་
Tomar un gran interés	don du gnyer ba	དོན་དུ་གཉེར་བ་
Tres reglas	tshul gsum	ཚུལ་གསུམ་
V		
Vacuidad	stong pa nyid	སྟོང་པ་ཉིད་
Vanidad	mngon pa'i nga rgyal	མངོན་པའི་ང་རྒྱལ་
Vanidad egocéntrica	nga'o snyam pa'i nga rgyal	ངའོ་སྙམ་པའི་ང་རྒྱལ་
Verdad convencional (skrt. *samvrtisatya*)	kun rdzob bden pa	ཀུན་རྫོབ་བདེན་པ་
Verdad última (skrt. *paramarthasatya*)	don dam bden pa	དོན་དམ་བདེན་པ་
Vigilancia	shes bzhin	ཤེས་བཞིན་
Visión contaminada	lta ba nyon mongs can	ལྟ་བ་ཉོན་མོངས་ཅན་
Visión de lo compuesto y transitorio	'jig tshogs la lta ba	འཇིག་ཚོགས་ལ་ལྟ་བ་
Visión extrema	mthar lta	མཐར་ལྟ་
Visión falsa	log lta	ལོག་ལྟ་
Visión superior (skrt. *vipasyana*)	lhag mthong	ལྷག་མཐོང་
Visión que sobreestima las falsas éticas y observaciones	tshul khrims dang brtul zhugs mchog 'dzin gyi lta ba	ཚུལ་ཁྲིམས་དང་བརྟུལ་ཞུགས་མཆོག་འཛིན་གྱི་ལྟ་བ་

Definiciones en tibetano

ཀུན་རྫོབ་བདེན་པ།

དོན་དམ་པར་དོན་བྱེད་མི་ནུས་པའི་ཆོས།

སྒོམ་འགྱུར།

རང་འཛིན་རྟོག་པས་སྒོམ་ཏུ་གྱུར་པའི་ཚུལ་གྱིས་རྟོགས་པར་བྱ་བ།

ཁོང་ཁྲོ།

རང་གི་ངོ་བོའི་ཆ་ནས་ཆོས་གསུམ་པོ་གང་རུང་ལ་དམིགས་ནས་རྒྱུད་འཁྲུག་སྟེ་གནོད་པའི་བྱ་བར་སེམས་པའི་བྱེད་ལས་ཅན་གྱི་སེམས་བྱུང་།

ཁྲེལ་མེད་པ།

གཞན་དང་གཞན་གྱི་ཆོས་ལ་མི་བརྩི་བར་ཉེས་སྤྱོད་ལ་འཛེམ་པ་མེད་པར་སྤྱོད་འདོད་པའི་ལས་ཅན་གྱི་སེམས་བྱུང་།

ཁྲེལ་ཡོད་པ།

ཐུན་མོང་མ་ཡིན་པ་གཞན་ནམ་ཆོས་རྒྱུ་མཚན་དུ་བྱས་ནས་ཁ་ན་མ་ཐོ་བ་ལ་འཛེམ་པར་བྱེད་པའི་རང་ཏུ་ཕྱེ་བའི་རིག་པ།

ཁྲོ་བ།

ཁོང་ཁྲོ་འཕེལ་བ་ལས་འཕྲལ་དུ་གནོད་པར་བརྩམས་འདོད་ཀྱི་ཀུན་ཏུ་མནར་སེམས་པས་རབ་ཏུ་ཕྱེ་བའི་རིག་པ།

འཁོན་འཛིན།

སྔར་འདི་དང་འདི་ཞེས་བྱ་བས་གནོད་དོ་མ་བརྗེད་པར་དམ་དུ་འཛིན་པའི་སེམས་ཀྱི་མདུད་པ་སྟེ་གནོད་ལན་གྱི་སྐབས་སེམས་པའི་ཁོང་ཁྲོའི་ཆར་གཏོགས་གང་ཡིན་པ།

གང་ཟག

གདགས་གཞི་ཕུང་པོ་ལྔ་པོ་གང་རུང་ལ་བརྟེན་ནས་བཏགས་པའི་ང་།

འགྱོད་པ།

སྔར་བྱས་ཀྱི་དངོས་པོ་ངན་པར་མཐོང་ནས་ཡིད་ལ་གཅགས་ཏེ་མི་དགའ་བའམ་ཡིད་གདུང་བའི་ལས་ཅན་གྱི་སེམས་བྱུང་།

རྒོད་པ།

ཆགས་པའི་དབང་གིས་སེམས་དགེ་བའི་དམིགས་པ་གཅིག་ཏུ་སོ་མ་ཟུག་པར་དམིགས་པ་གཞན་ནས་གཞན་དུ་སེམས་འཕྲོ་བར་བྱེད་པའི་ལས་ཅན་གྱི་སེམས་བྱུང་།

རྒྱགས་པ།

རང་གི་ཕུན་ཚོགས་ཀྱི་མཚན་མ་ཡིད་ལ་བྱེད་དེ་ཉོན་མོངས་པའི་སྤོབས་པ་བསྐྱེད་ཅིང་སེམས་རང་གི་དབང་དུ་བྱེད་པའི་ལས་ཅན་གྱི་སེམས་བྱུང་།

སྒྱུ།

རྙེད་བཀུར་ལ་ལྷག་པར་ཆགས་ནས་གཞན་བསླུ་བར་བསམ་པས་ཡོན་ཏན་གྱི་ཁྱད་པར་བཅོས་ནས་སྟོན་འདོད་པའི་ལས་ཅན་གྱི་སེམས་བྱུང་།

ང་རྒྱལ།

ཐུན་མོང་མ་ཡིན་པ་ངར་དང་ང་ཡི་བར་འཛིན་པའི་འཇིག་ལྟ་གཉིས་པོ་གང་རུང་གིས་རྟེན་བྱེད་པ་ལས་སེམས་ཁེངས་པའམ་མཐོ་བའི་རྣམ་པར་ཞེན་པའི་བྱེད་ལས་ཅན་གྱི་སེམས་བྱུང་།

ངོ་ཚ་མེད་པ།

བདག་གམ་ཆོས་རྒྱུ་མཚན་དུ་བྱས་ནས་ཁ་ན་མ་ཐོ་བ་ལ་མི་འཛེམ་པས་རབ་ཏུ་ཕྱེ་བའི་སེམས་བྱུང་།

ངོ་ཚ་ཤེས་པ།

ཐུན་མོང་མ་ཡིན་པ་རང་ངམ་རང་གི་ཆོས་རྒྱུ་མཚན་དུ་བྱས་ནས་ཁ་ན་མ་ཐོ་བ་ལ་འཛེམ་པར་བྱེད་པའི་བྱེད་ལས་ཅན་གྱི་སེམས་བྱུང་།

དངོས་པོ།

དོན་བྱེད་ནུས་པ།

མངོན་འགྱུར།

མངོན་སུམ་གྱི་ཚད་མས་དངོས་སུ་རྟོགས་པར་བྱ་བ།

མངོན་སུམ།

རྟོག་པ་དང་བྲལ་ཞིང་མ་འཁྲུལ་བའི་རིག་པ།

མངོན་སུམ་གྱི་ཚད་མ།

རྟོག་པ་དང་བྲལ་ཞིང་གསར་དུ་མི་སླུ་བའི་རིག་པ།

དངོས་མིང།

དོན་དེ་ལ་འདོད་རྒྱལ་ཐོག་མར་བརྡ་སྦྱར་བ་ཡང་ཡིན། དོན་དེའི་མིང་གི་གཙོ་བོ་ཡང་ཡིན་པའི་གཞི་མཐུན་པར་དམིགས་པ།

བཅད་ཤེས།

རྟོགས་ཟིན་རྟོགས་པའི་རིག་པ།

ཆོས།

རང་གི་ངོ་བོ་འཛིན་པ།

འཆབ་པ།

གཞན་གྱིས་ཕན་པར་འདོད་པའི་བསམ་པས་འགྲོ་བ་བཞི་གང་རུང་གི་སྒོ་ནས་མ་ཡིན་པར་ཉེས་པ་གླེངས་པ་ན་ཁ་ན་མ་ཐོ་བ་འཁྲུད་པར་འདོད་པའི་སེམས་བྱུང་།

འཇིག་ལྟ།

རང་གི་དམིགས་ཡུལ་དུ་གྱུར་པའི་ཉེ་བར་ལེན་པའི་ཕུང་པོ་ལ་དམིགས་ནས་བདག་དང་བདག་གི་བའི་རྣམ་པར་ཞེན་པའི་ཤེས་རབ་ཉོན་མོངས་ཅན།

རྗེས་དཔག་ཚད་མ།

རང་གི་རྟེན་རྟགས་ཡང་དག་ལ་བརྟེན་ནས་དངོས་སུ་སྐྱེད་པའི་གསར་དུ་མི་སླུ་བའི་ཞེན་རིག

བརྗེད་ངས།

དགེ་བའི་དམིགས་རྣམ་འཛིན་པ་ཤོར་ནས་ཉོན་མོངས་པའི་དམིགས་རྣམ་དྲན་ཞིང་གཡེང་བ་འདྲེན་པའི་ལས་ཅན་གྱི་སེམས་བྱུང་།

བརྗོད་བྱེད་ཀྱི་སྒྲ།

བརྡའི་དབང་གིས་རང་གི་བརྗོད་བྱ་གོ་བར་བྱེད་པའི་མཚན་བྱ།

ཉེར་ལེན།

དངོས་པོ་རང་གི་རྗེས་རྒྱུན་དུ་གཙོ་བོར་སྐྱེད་བྱེད།

ཉོན་མོངས།

ཆོས་གང་ཞིག   རང་སེམས་ལ་སྐྱེད་པ་ན་སེམས་རྒྱུད་མ་ཞི་ཞིང་མ་དུལ་བར་སྐྱེ་བའི་བྱེད་ལས་ཅན་གྱི་སེམས་བྱུང་།

གཉིད།

སེམས་ཉོག་ཉོག་པོར་བྱེད་དེ་དབང་ཤེས་ཡུལ་ལ་འཇུག་པ་ཀུན་སྡུད་པར་བྱེད་ཅིང་སེམས་གང་གིས་ཀྱང་ལུས་འཛིན་པ་མི་ནུས་པར་བྱེད་པའི་ལས་ཅན་གྱི་སེམས་བྱུང་།

ཏིང་ངེ་འཛིན།

ཐུན་མོང་མ་ཡིན་པ་དམིགས་པ་གཅིག་ལ་རྣམ་པ་གཅིག་ཏུ་རྒྱུན་ལྡན་དུ་རྩེ་གཅིག་པར་གནས་པའི་བྱེད་ལས་ཅན་གྱི་སེམས་བྱུང་།

བཏགས་མིང་།

དོན་དེ་ལ་རྗེས་གྲུབ་ཏུ་བརྡ་སྦྱར་བ་ཡང་ཡིན། དོན་དེའི་མིང་ཕལ་བ་ཡང་ཡིན་པའི་གཞི་མཐུན་པར་དམིགས་པ།

གཏི་མུག་མེད་པ།

སྐྱེས་ཐོབ་དང་ཐོས་པ་དང་བསམས་པ་དང་སྒོམ་པ་གང་རུང་གི་རྒྱུ་ལས་བྱུང་ཞིང་རང་གི་ངོ་བོའི་ཆ་ནས་གཏི་མུག་གི་གཉེན་པོ་བྱེད་ཅིང་ཡང་དག་པའི་དོན་ལ་སོ་སོར་དཔྱོད་པའི་ཤེས་རབ་བརྟན་པ་དང་བཅས་པ།

བཏང་སྙོམས།

དུག་གསུམ་མེད་པར་བརྩོན་འགྲུས་དང་བཅས་པ་ལ་བཏགས་པའི་བཏགས་ཆོས་གང་ཞིག བྱིང་རྒོད་འགོག་པའི་རྩོལ་བ་ཆེན་པོས་བསྒྲིམ་མི་དགོས་པར་སེམས་བྱིང་རྒོད་ཀྱིས་མི་ཉམས་པར་བྱེད་པའི་རབ་ཏུ་ཕྱེ་བའི་སེམས་བྱུང་།

རྟགས་འཛིན་སེམས། རང་ཉིད་བྱས་པའི་རྟགས་ཀྱིས་སྒྲ་མི་རྟག་པར་སྒྲུབ་པའི་རྟགས་འཛིན་སེམས།

རང་ཉིད་སྒྲ་བྱས་པ་དང་། བྱས་ན་མི་རྟག་པས་ཁྱབ་པ་གང་རུང་མི་སླུ་བ་ཡང་ཡིན། རང་གིས་རྒྱུ་རྐྱེན་བྱས་པ་ལ་བརྟེན་ནས་བྱུང་བའི་བྱས་པའི་རྟགས་ཀྱིས་སྒྲ་མི་རྟག་རྟོགས་ཀྱི་རྗེས་དཔག་གི་རྒྱུ་ཡང་ཡིན་པའི་གཞི་མཐུན་པར་གྱུར་པའི་བྱས་པའི་རྟགས་ཀྱིས་སྒྲ་མི་རྟག་པར་སྒྲུབ་པའི་ཕྱི་རྒོལ་ཡང་དག་གི་རྒྱུད་ཀྱི་རིག་པ།

རྟགས་ཡང་དག

ཚུལ་གསུམ་ཡིན་པ།

རྟོག་པ།

སེམས་པ་འམ་ཤེས་རབ་ལ་བརྟེན་ནས་མིང་དང་བཅས་པའི་དོན་གང་ཡང་རུང་བར་རགས་པའི་རྣམ་པ་ཙམ་ཚོལ་བའི་རབ་ཏུ་ཕྱེ་བའི་སེམས་བྱུང་།

རྟོག་པ། རྟོག་བཅས་ཀྱི་བློ།

སྒྲ་དོན་འདྲེས་རུང་དུ་འཛིན་པའི་ཞེན་རིག

རྟོག་མེད་ཀྱི་བློ།

རང་གི་སྣང་ཡུལ་ལ་གསལ་སྣང་ཅན་གྱི་རིག་པ།

རྟོགས་པ།

སྒྲོ་གདོགས་བཅོད་པའི་རིག་པ།

ལྟ་བ་ཉོན་མོངས་ཅན།

ཐུན་མོང་མ་ཡིན་པ་ཉེ་བར་ལེན་པའི་ཕུང་པོ་ལ་དམིགས་ཏེ་བདག་དང་བདག་གིའི་རྣམ་པར་ལྟ་བའི་ཤེས་རབ་ཉོན་མོངས་ཅན་ནམ་འདིས་བདག་རྒྱུན་བྱས་པ་ལས་རྣམ་པ་གཞན་དུ་ཕྱིན་ཅི་ལོག་ཏུ་ཞུགས་པའི་ཤེས་རབ་ཉོན་མོངས་ཅན་གང་རུང་།

ཐེ་ཚོམ།

རང་སྟོབས་ཀྱིས་མཐའ་གཉིས་སུ་དོགས་པའི་སེམས་བྱུང་།

ཐེ་ཚོམ་ཉོན་མོངས་ཅན།

ལས་འབྲས་དང་བདེན་པ་དང་དཀོན་མཆོག་རྣམས་ཡང་དག་པ་ལ་ཡིད་གཉིས་ཟ་བའི་ཐེ་ཚོམ་དོན་མི་ཕྱུར་ཀྱི་སེམས་བྱུང་།

དད་པ།

ཐུན་མོང་མ་ཡིན་པ་སེམས་ཉོན་མོངས་པ་དང་ཉེ་བའི་ཉོན་མོངས་པའི་རྙོག་པ་དང་བྲལ་བའི་ཡི་རང་བར་བྱེད་པའི་བྱེད་ལས་ཅན་གྱི་སེམས་བྱུང་།

དེ་འབྱུང་འབྲེལ།

ཆོས་དེ་དང་རྫས་ཐ་དད་པའི་སྒོ་ནས་ཆོས་དེའི་འབྲས་བུ་རིགས་སུ་གནས་པ།

དེ་མ་ཐག་རྐྱེན། (སྔོན་འཛིན་མངོན་སུམ་གྱི་དེ་མ་ཐག་རྐྱེན།)

སྔོན་འཛིན་མངོན་སུམ་སྐྱོང་བ་གསལ་རིག་ཙམ་དུ་གཙོ་བོར་དངོས་སུ་སྐྱེད་བྱེད།

དོན་སྤྱི། (བུམ་པའི་དོན་སྤྱི།)

བུམ་འཛིན་རྟོག་པ་ལ་བུམ་པ་མ་ཡིན་བཞིན་དུ་བུམ་པ་ལྟ་བུར་སྣང་བའི་སྒྲོ་བཏགས་ཀྱི་ཆ།

དོན་སྦྱར་བའི་རྟོག་པ།

ཁྱད་གཞི་ཁྱད་ཆོས་སྦྱར་ནས་འཛིན་པའི་ཞེན་རིག

དོན་དམ་བདེན་པ།
དོན་དམ་པར་དོན་བྱེད་ནུས་པའི་ཆོས།

དྲན་པ།
སྔར་འདྲིས་པའི་ཆོས་ལ་མི་བརྗེད་པར་ཡང་ཡང་མངོན་དུ་བྱེད་པའི་བྱེད་ལས་ཅན་གྱི་སེམས་བྱུང་།

བདག་རྐྱེན། (སྔོན་འཛིན་མངོན་སུམ་གྱི་བདག་རྐྱེན།)
སྔོན་འཛིན་མངོན་སུམ་རང་དབང་དུ་གཙོ་བོར་དངོས་སུ་སྐྱེད་བྱེད།

བདག་གཅིག་འབྲེལ། (དངོས་པོ་དང་བདག་གཅིག་འབྲེལ།)
དངོས་པོ་དང་བདག་ཉིད་གཅིག་པའི་སྒོ་ནས་ཐ་དད། དངོས་པོ་མེད་ན་ཁྱོད་མེད་དགོས་པའི་ཆོས།

འདུ་ཤེས།
ཐུན་མོང་མ་ཡིན་པ་རང་ཡུལ་སྤུ་རིས་བྱེད་པའི་སྒོ་ནས་འདི་དང་འདི་མིན་གྱི་མཚན་མ་འཛིན་པའི་བྱེད་ལས་ཅན་གྱི་སེམས་བྱུང་།

འདུན་པ།
ཐུན་མོང་མ་ཡིན་པ་བསམ་པའི་དངོས་པོ་ལ་དམིགས་ནས་དོན་དུ་གཉེར་བའི་བྱེད་ལས་ཅན་གྱི་སེམས་བྱུང་།

འདོད་ཆགས།
རང་གི་ངོ་བོའི་ཆ་ནས་ཟག་བཅས་ཀྱི་ཆོས་ལ་དམིགས་ཏེ་ཡིད་འོང་དུ་སྒྲོ་བཏགས་ནས་དོན་དུ་གཉེར་བའམ་སྨོན་པའི་བྱེད་ལས་ཅན་གྱི་སེམས་བྱུང་།

རྣལ་འབྱོར་མངོན་སུམ།
རང་གི་ཐུན་མོང་མ་ཡིན་པའི་བདག་རྐྱེན་དུ་གྱུར་པའི་ཞི་ལྷག་ཟུང་འབྲེལ་གྱི་ཏིང་ངེ་འཛིན་ལ་བརྟེན་ནས་སྐྱེས་པ་གང་ཞིག རྟོག་པ་དང་བྲལ་ཞིང་མ་འཁྲུལ་བའི་འཕགས་རྒྱུད་ཀྱི་གཞན་རིག་གི་མཁྱེན་པ།

རྣམ་པར་འཚེ་བ།

གཞན་ལ་སྙིང་བརྩེ་བ་དང་བྲལ་བའི་གནོད་སེམས་ཀྱིས་མཐོ་འཚམས་པར་འདོད་པའི་ལས་ཅན་གྱི་སེམས་བྱུང་།

རྣམ་པར་མི་འཚེ་བ།

རང་གི་ངོ་བོའི་ཆ་ནས་ཀུན་ནས་མནར་སེམས་མེད་པའི་ཆ་ཤས་གང་ཞིག   སེམས་ཅན་སྡུག་བསྔལ་ཅན་ལ་དེ་དང་བྲལ་ན་སྙམ་དུ་མི་བཟོད་པའི་བྱེད་ལས་ཅན་གྱི་སེམས་བྱུང་།

རྣམ་གཡེང་།

དུག་གསུམ་གང་རུང་གི་ཆ་ལས་བྱུང་བས་སེམས་དགེ་བའི་དམིགས་པ་ལ་གཏད་པར་མི་ནུས་པའི་ཡུལ་སྣ་ཚོགས་སུ་སེམས་འཕྲོ་བར་བྱེད་པའི་ལས་ཅན་གྱི་སེམས་བྱུང་།

རྣལ་འབྱོར་མངོན་སུམ་གྱི་ཚད་མ།

རང་གི་བདག་རྐྱེན་དུ་གྱུར་པའི་ཞི་ལྷག་ཟུང་འབྲེལ་གྱི་ཏིང་ངེ་འཛིན་ལ་བརྟེན་ནས་ཕྲ་བའི་མི་རྟག་པ་དང་། གང་ཟག་གི་བདག་མེད་ཕྲ་རགས་གང་རུང་མངོན་སུམ་དུ་གསར་དུ་རྟོགས་པའི་འཕགས་རྒྱུད་ཀྱི་གཞན་རིག་གི་མཁྱེན་པ།

སྣང་ལ་མ་ངེས་པ།

རང་གི་འཇུག་ཡུལ་དུ་གྱུར་པའི་རང་མཚན་གསལ་བར་སྣང་བ་ཡང་ཡིན། རང་གི་འཇུག་ཡུལ་དུ་གྱུར་པའི་རང་མཚན་ལ་ངེས་པ་འདྲེན་མི་ནུས་པ་ཡང་ཡིན་པའི་གཞི་མཐུན་པར་གྱུར་པའི་རིག་པ།

དཔྱོད་པ།

སེམས་པའམ་ཤེས་རབ་ལ་བརྟེན་ནས་ཡུལ་ཞིབ་ཏུ་ཕྱེ་ནས་དཔྱོད་པས་རབ་ཏུ་ཕྱེ་བའི་སེམས་བྱུང་།

སྤྱི་མཚན།

སྒྲ་རྟོག་གིས་བཏགས་པ་ཙམ་ཡིན་གྱི་རང་མཚན་དུ་མ་གྲུབ་པའི་ཆོས།

ཕྲག་དོག

རྒྱུད་པ་དང་བཀུར་སྟི་སོགས་ལ་ཆགས་ནས་གཞན་གྱི་ཕུན་ཚོགས་ལ་མི་བཟོད་པར་སེམས་ཁོང་ནས་འཁྲུགས་པས་རང་ཏུ་སྡུག་བའི་སེམས་བྱུང་།

བག་མེད།

ལེ་ལོ་དང་བཅས་པས་དགེ་བ་མི་སྒོམ་ཞིང་ཟག་བཅས་ཀྱི་ཆོས་ལ་སེམས་མི་བསྲུང་བར་བག་ཡངས་སུ་ཅི་བདེར་སྤྱོད་འདོད་པའི་ལས་ཅན་གྱི་སེམས་བྱུང་།

བག་ཡོད།

ཐུན་མོང་མ་ཡིན་པ་དགེ་བའི་ཚོགས་ལ་གཅེས་སྤྲས་སུ་བྱེད་ཅིང་ཉོན་མོངས་པའི་གནས་ལས་སེམས་སྲུང་བར་བྱེད་པའི་བྱེད་ལས་ཅན་གྱི་སེམས་བྱུང་།

ཞེམ་པོ།

རྟུལ་དུ་གྲུབ་པ།

དབང་པོའི་མངོན་སུམ།

རང་གི་ཐུན་མོང་མ་ཡིན་པའི་བདག་རྐྱེན་དུ་གྱུར་པའི་དབང་པོ་གཟུགས་ཅན་པ་ལ་བརྟེན་ནས་སྐྱེས་པ་གང་ཞིག་རྟོག་པ་དང་བྲལ་ཞིང་མ་འཁྲུལ་བའི་རིག་པ།

དབང་པོའི་མངོན་སུམ་གྱི་ཚད་མ།

རང་གི་ཐུན་མོང་མ་ཡིན་པའི་བདག་རྐྱེན་དུ་གྱུར་པའི་དབང་པོ་གཟུགས་ཅན་པ་ལ་བརྟེན་ནས་བྱུང་བའི་རྟོག་པ་དང་བྲལ་ཞིང་གསར་དུ་མི་སླུ་བའི་རིག་པ།

མ་དད་པ།

ལས་འབྲས་སོགས་ལེགས་པའི་གཞི་ལ་ཡིད་མ་ཆེས་ཞིང་མ་གུས་པས་དད་པའི་འགལ་ཟླར་གྱུར་པའི་སེམས་བྱུང་།

མ་ཆགས་པ།

རང་གི་ངོ་བོའི་ཆ་ནས་སྲིད་པའི་ཡོ་བྱད་ལ་དམིགས་ནས་དེ་ལ་ཆགས་པའི་དངོས་ཀྱི་གཉེན་པོ་བྱེད་ཅིང་དེ་ལ་ཡིད་འབྱུང་ནས་མ་ཆགས་ཞིང་མི་ལེན་པའི་རབ་ཏུ་ཕྱེ་བའི་སེམས་བྱུང་།

མ་རིག་པ།

བདེན་བཞི་དང་ལས་འབྲས་དང་དཀོན་མཆོག་ལ་སོགས་པའི་རང་བཞིན་ལ་བློ་མི་གསལ་བས་མི་ཤེས་པའི་ཉོན་མོངས་ཅན།

མི་རྟག་པ།

སྐད་ཅིག་མ།

མིང་།

དོན་གྱི་ངོ་བོ་ཙམ་བསྟན་པའི་མཚན་བྱ།

མིང་སྦྱོར་རྟོག་པ།

མིང་དོན་སྦྱར་ནས་འཛིན་པའི་ཞེན་རིག

མོས་པ།

ཐུན་མོང་མ་ཡིན་པ་ངེས་ཟིན་གྱི་ཡུལ་ལ་དེ་ཁོ་ན་ལྟར་འཛིན་པ་བརྟན་པར་བྱེད་ཅིང་གཞན་གྱིས་མི་འཕྲོག་པར་བྱེད་པའི་བྱེད་ལས་ཅན་གྱི་སེམས་བྱུང་།

དམིགས་རྐྱེན། (སྔོན་འཛིན་མངོན་སུམ་གྱི་དམིགས་རྐྱེན།)

སྔོན་འཛིན་མངོན་སུམ་སྔོན་པའི་རྣམ་ལྡན་དུ་གཙོ་བོར་དངོས་སུ་སྐྱེད་བྱེད།

རྨུགས་པ།

སེམས་ཀྱི་མུན་པ་བབས་པས་ཀློང་ཀློང་པོར་གྱུར་ནས་དམིགས་པ་ཇི་ལྟ་བ་བཞིན་མི་རྟོགས་པར་བྱེད་པའི་ལས་ཅན་གྱི་སེམས་བྱུང་།

གཙོ་སེམས།

རང་ཡུལ་གྱི་ངོ་བོ་འཛིན་པའི་སྒོ་ནས་གཞག་པའི་གཙོ་བོའི་རྣམ་རིག

བརྩོན་འགྲུས།

རང་གི་ངོ་བོའི་ཆ་ནས་ལེ་ལོའི་གཉེན་པོར་གྱུར་ཅིང་དགེ་བའི་བྱ་བ་ལ་མངོན་པར་སྤྲོ་བའི་བྱེད་ལས་ཅན་གྱི་སེམས་བྱུང་།

ཚད་མ།

གསར་དུ་མི་སླུ་བའི་རིག་པ།

ཚད་མིན་གྱི་བློ།

གསར་དུ་མི་སླུ་བ་མ་ཡིན་པའི་རིག་པ།

ཚིག

ཁྱད་གཞི་ཁྱད་ཆོས་སྦྱར་ནས་སྟོན་པའི་མཉན་བྱ།

ཚོར་བ།

ཐུན་མ་ཡིན་པ་བདེ་སྡུག་བར་མ་ཅི་རིགས་ཀྱི་སྒོ་ནས་མྱོང་བའི་བྱེད་ལས་ཅན་གྱི་སེམས་བྱུང་།

འཚིག་པ།

ཁྲོ་བའམ་ཁོང་འཛིན་སྔོན་དུ་སོང་བས་གཞན་གྱིས་ཉེས་པ་གླེང་བ་ན་ཞེ་འགྲུས་པ་རྒྱུན་དུ་བྱས་ནས་ཚིག་རྩུབ་ཀུན་ནས་སློང་བའི་སེམས་བྱུང་།

ཞེ་སྡང་མེད་པ།

རང་གི་ངོ་བོའིཆ་ནས་ཆོས་གསུམ་གང་རུང་ལ་དམིགས་ནས་ཞེ་སྡང་དངོས་སུ་འཇོམས་པའི་བྱམས་པའི་མཚན་ཉིད་ཅན་གྱི་སེམས་བྱུང་།

གཞན་ལས་ངེས་ཀྱི་ཚད་མ།

ཚད་མ་གང་ཞིག རང་གི་གཞལ་བྱའི་བདག་ཉིད་ཡུལ་སྟེང་དུ་གནས་པ་མེད་ན། རང་ཉིད་མི་འབྱུང་བ་ལ་གཞན་སྟོབས་ཀྱིས་ངེས་པ་འདྲེན་དགོས་པ།

ཡི་གེ།

མིང་ཚིག་གཉིས་ཀྱི་རྩོམ་གཞིར་གྱུར་པའི་སྐད་ཀྱི་གདངས།

ཡིད་ཀྱི་མངོན་སུམ།

རང་གི་ཐུན་མོང་མ་ཡིན་པའི་བདག་རྐྱེན་དུ་གྱུར་པའི་ཡིད་དབང་ལ་བརྟེན་ནས་སྐྱེས་པ་གང་ཞིག རྟོག་པ་དང་བྲལ་ཞིང་མ་འཁྲུལ་བའི་གཞན་རིག་གི་ཤེས་པ།

ཡིད་ཀྱི་མངོན་སུམ་གྱི་ཚད་མ།

རང་གི་ཐུན་མོང་མ་ཡིན་པའི་བདག་རྐྱེན་དུ་གྱུར་པའི་ཡིད་དབང་ལ་བརྟེན་ནས་བྱུང་བའི་རྟོག་པ་དང་བྲལ་ཞིང་གསར་དུ་མི་སླུ་བའི་རིག་པ།

ཡིད་དཔྱོད།

རང་ཡུལ་ལ་ཞེན་པའི་སླུ་བའི་ཞེན་རིག་དོན་མཐུན།

ཡིད་ལ་བྱེད་པ།

ཐུན་མོང་མ་ཡིན་པ་རང་དང་མཚུངས་ལྡན་འཁོར་བཅས་དམིགས་པར་ཡིད་གཏོད་པར་བྱེད་པ་དང་འཛིན་པར་བྱེད་པའི་བྱེད་ལས་ཅན་གྱི་སེམས་བྱུང་།

ཡུལ།

བློས་རིག་པར་བྱ་བ།

ཡུལ་ཅན།

རང་ཡུལ་ཅི་རིགས་དང་ལྡན་པའི་དངོས་པོ།

ཡོད་པ།

ཚད་མས་གྲུབ་པ།

གཡོ།

རྙེད་བཀུར་ལ་ལྷག་པར་ཆགས་པའི་དབང་གིས་གཞན་མགོ་སྐོར་པར་བྱེད་འདོད་ཅིང་རང་གི་ཉེས་པ་གཞན་གྱིས་མི་ཤེས་པའི་རྣམ་པ་ཇི་འདྲ་བ་དེ་ལྟ་བུར་སྟོན་པར་འདོད་པའི་ལས་ཅན་གྱི་སེམས་བྱུང་།

རང་མཚན།

སྒྲ་རྟོག་གིས་བཏགས་པ་ཙམ་མ་ཡིན་པར་རང་གི་མཚན་ཉིད་ཀྱིས་གྲུབ་པའི་ཆོས།

རང་རིག

འཛིན་རྣམ།

རང་རིག་མངོན་སུམ།

རྟོག་པ་དང་བྲལ་ཞིང་མ་འཁྲུལ་བའི་འཛིན་རྣམ།

རང་རིག་མངོན་སུམ་གྱི་ཚད་མ།

ཁ་ནང་ཁོ་ནར་ཕྱོགས་ཞིང་འཛིན་པ་ཡན་གར་བར་གྱུར་པའི་རྟོག་པ་དང་བྲལ་ཞིང་གསར་དུ་མི་སླུ་བའི་རིག་པ།

རང་ལས་ངེས་ཀྱི་ཚད་མ།

ཚད་མ་གང་ཞིག རང་གི་གཞལ་བྱའི་བདག་ཉིད་ཡུལ་སྟེང་དུ་གནས་པ་མེད་ན། རང་ཉིད་མི་འབྱུང་བ་ལ་རང་སྟོབས་ཀྱི་ངེས་པ་འདྲེན་ནུས་པ།

རེག་པ།

ཐུན་མོང་མ་ཡིན་པ་ཡུལ་དབང་རྣམ་ཤེས་གསུམ་འདུས་པ་ལས་དབང་པོ་འགྱུར་བར་སྐྱེད་པའི་བྱེད་ལས་ཅན་གྱི་སེམས་བྱུང་།

ལེ་ལོ།

འཕྲལ་བདེའི་མཚན་མ་དམ་དུ་བཟུང་ནས་དགེ་བའི་བྱ་བ་ལ་མི་འདོད་པའམ་འདོད་ཀྱང་ཞུམ་པའི་ལས་ཅན་གྱི་སེམས་བྱུང་།

ལོག་ཤེས།

རང་ཡུལ་ལ་ཕྱིན་ཅི་ལོག་ཏུ་ཞུགས་པའི་རིག་པ།

བློ།

རིག་པ།

ཤིན་སྦྱངས།

སེམས་དགེ་བའི་དམིགས་པ་ལ་ཇི་ལྟར་འདོད་པ་བཞིན་དུ་བཀོལ་དུ་རུང་བའི་ལག་རྗེས་འཇོག་པར་བྱེད་ཅིང་ལུས་དང་སེམས་ཀྱི་གནས་ངན་ལེན་རྒྱུན་གཅོད་པར་བྱེད་པས་རབ་ཏུ་ཕྱེ་བའི་སེམས་བྱུང་།

ཤེས་པ།

གསལ་ཞིང་རིག་པ།

ཤེས་བྱ།

བློ་ཡུལ་དུ་བྱ་རུང་བ།

ཤེས་བཞིན་མ་ཡིན་པ།

དཔྱོད་པ་ཡེ་མ་བྱེད་པའམ་དཔྱོད་པ་རྩིང་བའི་དབང་གིས་ཤེས་རབ་ཉོན་མོངས་ཅན་དུ་སོང་སྟེ་སྒོ་གསུམ་གྱི་སྤྱོད་པ་གང་ལ་མི་ཤེས་བཞིན་དུ་ཀྱུ་ཆོམ་དུ་འཇུག་པར་བྱེད་པའི་ལས་ཅན་གྱི་སེམས་བྱུང་།

ཤེས་རབ།

ཐུན་མོང་མ་ཡིན་པ་དྲན་པ་བཟུང་བའི་ཡུལ་ལ་ཁྱད་པར་རམ་སྐྱོན་ཡོན་བརྟག་སྟེ་རབ་ཏུ་རྣམ་པར་འབྱེད་པའི་བྱེད་ལས་ཅན་གྱི་སེམས་བྱུང་།

སེམས་པ།

ཐུན་མོང་མ་ཡིན་པ་རང་དང་མཚུངས་ལྡན་འཁོར་བཅས་ཡུལ་ལ་གཡོ་བར་བྱེད་ཅིང་མངོན་པར་འདུ་བྱེད་པའི་བྱེད་ལས་ཅན་གྱི་སེམས་བྱུང་།

སེམས་བྱུང་།

རང་ཡུལ་གྱི་ཁྱད་པར་ཅི་རིགས་འཛིན་ཅིང་རང་དང་མཚུངས་ལྡན་གྱི་གཙོ་སེམས་གང་རུང་གི་འཁོར་དུ་བྱུང་བའི་རིག་པ།

སེར་སྣ།

རྙེད་བཀུར་ལ་ཆགས་ནས་ཡོ་བྱད་གཏོང་མི་འདོད་པར་དམ་པོར་འཛིན་པའི་ལས་ཅན་གྱི་སེམས་བྱུང་།

ལྷན་ཅིག་བྱེད་རྐྱེན།

དངོས་པོ་རང་གི་རྫས་རྒྱུན་མ་ཡིན་པར་རྫས་སུ་གཙོ་བོར་སྐྱེད་བྱེད།

Bibliografía

Akya Yongdzin

Blo rig kyi sdom tshig blang dor gsal ba'i me long.
Comentario tibetano de Gueshe Ngawang Dhargey. Traducido en inglés y editado con el título: *A Compendium of the Ways of Knowing.* Library of Tibetan Works and Archives, Dharamsala, 1976

Anacker, Stefan

Seven Works of Vasubandhu, the Buddhist Psychological Doctor.
Motilal Banarsidass Publishers, Delhi, revised edition 2005

Aryadeva

Quatre Cents Stances. Catuh 'śatakaśāstrakārikā. Bstan bcos bzhi brgya pa zhes bya ba'i tshig le'ur byas pa. P. 5264, volume 95

Asan˙ga

Le Compendium de la super-doctrine. Abhidharmasamuccaya. Mngon pa kun btus. P. 5550, volume 112
Traduction française de Walpola Rahula. Publications de l'Ecole française d'Extrême-Orient, Paris, 1971

Atreya, Jagat Prakash

Mind and its Functions in Indian Thought.
Classical Pub Company, New Delhi, 1985 262

Candrakīrti

L'Entrée au Milieu. Madhyamakāvatāra. Dbu ma la 'jug pa.
P. 5261 et 5262, volume 98
Traduction française Georges Driessens, Michel Zaregradsky sous la direction de Yonten Gyatso, Editions Dharma, Anduze, 1985

Dagpo Rimpoché
– *L'Esprit et ses fonctions.*
Editions Vajra Yogini, Marzens, 1999

Dharmakīrti
– *Commentaire sur la connaissance valide. Pramān˙avārtika-kārikā. Tshad ma rnam 'grel gyi tshig le'ur byas pa.*
P. 5709, volume 130
– *Les Sept Traités de Perception Valide. Pramanavartikadisap-ta-grantha-samgraha. Tshad ma sde bdun.*

Gonsar Rimpoché
– *Les Quatre Nobles Vérités.*
Editions Rabten, Le Mont Pèlerin, 2003
– *L'Essence Rassemblée.*
Editions Rabten, Le Mont Pèlerin, 2005

Govinda, Anagarika
The Psychological Attitude of Early Buddhist Philosophy.
Motilal Barnasidass, Delhi, 1969, 1998

Gyatso, Guéshé Kelsang
Comment comprendre l'esprit : La nature et le pouvoir de l'esprit.
Editions Tharpa, Saint-Mars-d'Outillé, 2013263

Gyatso, Tenzin, XIVème Dalaï-Lama
– *The Buddhism of Tibet and the Key to the Middle Way.*
Traduction Jeffrey Hopkins, Editions George Allen & Unwin, London, 1975
– *The Opening of the Wisdom-eye.*
Traduction Thubten Kalzang Rinpoche, Bhikkhu Nagasena, Bhikkhu Khantipalo, The Theosophical Publishing House, Adyar Madras, 1971
– *Comme un Éclair déchire la nuit (Commentaire du Bodhisattvacāryāvatāra).*
Traduction Comité Padmakara, Albin Michel, Paris, 1992
– *Tant que durera l'espace (Commentaire du 9è chapitre du Bodhisattvacāryāvatāra).*
Traduction Marie-Stella Boussemart sous la direction de Dagpo Rimpoché, Albin Michel, Paris, 1996

Kalupahana, David Jinadasa
The principles of Buddhist Psychology.
State University of New York Press, 1987

Komito, David Ross
Nāgārjuna's « Seventy Stanzas ». A Buddhist Psychology of Emptiness.
Snow Lion Publications, Ithaca, 1987

Lati Rimpoché & Napper, Elizabeth
Mind in Tibetan Buddhism.
Snow Lion Publications, Ithaca, 1986

Nārada Mahā Thera
Dhammapada, Les Dits du Bouddha.
Albin Michel, Paris, 1993264

Nāgārjuna
– *La Lettre à un ami du Supérieur Nāgārjuna*
Une explication du vénérable Guéshé Ngawang Khyenrab.
Editions Dharma, Anduze, 1999
– *La Lettre à un ami. Suhr ˙ llekha. Bshes pa'i spring yig.*
P. 5682, volume 129
Commentaires Longchen Yéshé Dordjé et Kangyour Rimpoché, Editions Padmakara, Saint-Léon-sur-Vézère, 2007
– *Traité du Milieu. Madhyamakāśāstra. Dbu ma'i bstan bco.*
Commentaire de Djé Tsongkhapa. Traduction Yonten Gyatso, Georges Driessens, Seuil, Paris, 1995
– *La Précieuse Guirlande des avis au roi. Rājaparikathāratnāvalī. Rgyal po la gtam bya ba rin po che'i phreng ba.*
Editions Yiga Tcheu Dzin, Toulon-sur-Arroux, 1981

Purchog Yongdzin Jhampa
– *Sujets Rassemblés (Collected topics). Tshad ma'i gzung don 'byed pa'i bsdus grva'i rnam par bshadpa rigs lam 'phrug gyi lde mig.*
Tashi Jong, date de publication inconnue
– *Sujets et Perceptions. Yul can dang blo rig kyi rnam par bshad pa.*
Fecha de publicación desconocida

Rabten, Guéshé
– *Apprendre à Méditer au Quotidien.*
Edition Rabten, Le Mont-Pèlerin, 2009
– *Le Chant de la Vue Profonde.*

Edition Rabten, Le Mont-Pèlerin, 1999
– *Close Placement of Mindfulness in the Mahayana*. Edition Rabten, Le Mont-Pèlerin, 1978
– *Echoes of Voidness.*

Wisdom Publications, Londres, 1983265 *Ennemi, mon ami.*

Edition Rabten, Le Mont Pèlerin, 2002
– *Enseignement oral du Bouddhisme au Tibet – La lumière du Tibet.*

Editions Adrien Maisonneuve, Paris, 1979
– *Les états de la conscience.*
Edition Rabten, Le Mont Pèlerin, 2001
– *Mind and Mental factors. A List of Definitions.* Le Mont Pèlerin, 1981
– *Les Trésors du Dharma.*

Edition Rabten, Le Mont Pèlerin, 1997
– *Vie et Enseignements de Geshé Rabten.*

Editions Dharma/Rabten Choeling, 1991
– *La Voie progressive.*

Commentaire de Guéshé Rabten sur le texte de *«La Voie Aisée », lam rim bde lam,* composé par le 1er Panchen Lama Lobsang Tcheukyi Gyeltsen

Editions Adrien Maisonneuve, Paris, 1979
Śāntideva
– *L'Entrée dans la conduite des Bodhisattvas. Bodhisattvacāryā-vatāra. Byang chub sems dpa'i dyod pa la 'jug pa.*
P. 5272, volume 99
– *La Marche vers l'éveil. Bodhisattvacāryāvatāra*

Comité de traduction Padmakara. 1ère version 1991, nouvelle traduction 2008 Editions Padmakara, Plazac
– *Vivre en Héros pour l'éveil.*

Traduction Georges Driessens, Seuil, Paris, 1993
Sopa, Guéshé Lhundup & Hopkins, Jeffrey
Practice and Theory of Tibetan Buddhism.
Grove Press, New York, 1976266

Tengyé, Guéshé Lobsang
Sur l'Océan du Mahayana.
Commentaire de Guéshé Lobsang Tèngyé sur le *Bodhisattvacāryāvatāra,* Editions Vajra Yogini, Marzens, 1999

Tsongkhapa
– *Le Grand Livre de la progression vers l'éveil* – d'après *Le Grand Texte de la voie progressive.* Traduction française Georges Driessens, Michel Zaregradsky sous la direction de Yonten Gyatso, Editions Dharma, Saint-Michel-en-l'Herm, 1990
– *Le Grand Texte de la voie progressive. Lam rim chen mo.*
Dharamsala: Sherig Pharkang, Woodblock print, date de publication inconnue
– *The Great Treatise on the Stages of the Path to Enlightenment (3 volumes).*
The Lamrim Chenmo Translation Committee, Snow Lion Publications, Ithaca, 2002

Vasubandhu
– *Trésor de l'Abhidharma. Abidharmakośa. Chos mngon pa'i mdzod kyi bshad pa.* P. 5590, volume 115
– *Commentaire sur le Trésor de l'Abhidharma. Abidharmakośa-bhāsya. Chos mngon pa'i mdzod kyi bshad pa.*
P. 5591, volume 115
Bauddhabharati, Varanasi, 2008

Yeshe Gyaltsen
Mind in Buddhist Psychology.
Traduction Guenther Herbert V. et Kawamura, Dharma Publishing, L.S. Berkeley, 1975

La "P" añadida a ciertas referencias bibliográficas aluden a la edición del Tripitaka tibetano de Pekin publicado por la Suzuki Research Foundation, Tokyo-Kyoto1956.

www.ingramcontent.com/pod-product-compliance
Ingram Content Group UK Ltd.
Pitfield, Milton Keynes, MK11 3LW, UK
UKHW021704190726
13853UKWH00001B/413